基地と聖地の沖縄史

フェンスの内で祈る人びと

山内健治

吉川弘文館

目　次

はじめに——基地と聖地とは何か

沖縄には、沖縄戦終結以来、今でも米軍基地が存在し、約四万五〇〇〇名の米兵が駐留、その面積は一万八六〇〇㌶におよぶ。沖縄県の総面積の約八%、人口の九割以上が暮らす本島の約一五%の面積を占めている。それは東京二三区の千代田区を中心にして一三区を覆ってしまうほどの広さであり、有り体な表現だが、沖縄県本島に東京ドーム三九五七個分が占有していることになる。そして、そこでは日々、米軍が演習・戦地への補給あるいは生活スペースなどに活用している。

これら米軍基地の敷地内には、当然、戦前より住民が生活していた屋敷や、生業を営んできた耕作地ほか、墓や信仰の対象となるさまざまな聖地も含まれている。人類学・民俗学では、これまで沖縄をフィールドとして多様な民間信仰の調査・研究を行い、ノロやシャーマンの祭祀的研究の膨大な成果をあげてきたものの、米軍基地内の伝統的な信仰対象である聖地の研究はほとんど行われてこなかった。第一の理由は、基地内に入りにくいからである。本書では、基地敷地内の聖地をフィールドとして可能な限りのデータをおさめた。それはムラ内の民俗調査と同時に立ち入り禁止の山林からムラを眺め返すような発見の連続で基地フェンスの内と外から見る沖縄のエスノグラフィー作成のような調査であった。

本書には、村落（＝ムラ）・集落・〈シマ〉という用語が登場する。ここで、厳密に定義する余裕はないが、本書で使用する「村落」とは、行政的な字と同義に使用している。「集落」とは、地理学的な概念としての居住地を示している。また、シマの意味内容を吟味して見ると地理的概念・行政区分とのズレがある。例えば「生まれシマ」という時、それは、生活空間としての家・屋敷・田畑の耕作地・井戸・川・墓・山林のみならず、火の神・水の神や御嶽ほか多くの宗教的な聖地やそれに付随する空間が含まれている。だから、シマは、聖俗一体を包摂するムラ全体の世界観も含意している[1]。

本書を書きはじめる前に基地・聖地・シマを結ぶキーワードとして、連想するのに〈境界〉という言葉が思い浮かぶ。なぜなら本書では、沖縄の米軍基地フェンスを越えて内と外にまたがる聖地を対象とし、それを内包するシマ空間をイメージしているからである。

もう少し具体的に言うと、本書の目的は、米軍基地内および基地周辺に存在する聖地・信仰の空間的記録とその文化継承の有り様を問うことである。沖縄の日常と非日常の境界、基地フェンスの内と外を結ぶ文化表象に関わるエスノグラフィーとも言える。

こうしたことに関心を持ち始めたのは、約二〇年前の米軍基地の筆者のフィールドワークに端を発する。基地接収により元集落から強制移転地に移動を余儀なくされた読谷村楚辺《そべ》の民俗調査を始めた一九九八年、夏のことである。親しくなった比嘉さんが、トリイステーション基地内の元集落の墓や御嶽を見せてあげようと、私を自家用車に乗せてくれ基地ゲートで農耕パスを警備員に見せて基地内に入る予定であった。しかし、ゲート警備員が本日はオールアウトというので、比嘉さんは、とても納得のいかない悔しそうな顔をして、車にもどってきた。折しも三日前、北朝鮮から初めての弾道ミサイル「テポドン」が発射され日本列島上空を横切ったことにより、在沖縄の基地警備は厳戒体制をひいていた。この時、私は、初めて基地のムラの現実にふれた。農作業や冠婚葬祭・祭祀行事ほか、つまりは日常の生活すべて国際政治の動向に直結しながらそこに存在していると感じた。

読谷村楚辺のフィールドワークから帰り、その時感じたことを少し整理して、一九九九年に日本民族学会研究大会（現・日本文化人類学会）で「戦《いくさ》の世を超えるエスノグラフィー」と題して事例を報告した(2)。その時の発表目的のキーワードは「沖縄を戦争・基地だけで語るなかれ、伝統文化だけでかたるなかれ」であった。その趣旨をわかりやすく、あらためて説明しておきたい。

沖縄のいわゆる伝統行事の文化継承は危機に瀕している。米軍基地化にともなう強制移転集落での社会変容がせまられるなか、いかに記録し沖縄の文化・共同体論に位置づけるのか、現在のところ、私たちは文化人類学・民俗学あるいは社会学という研究分野において、なんらの方法論も持ち合わせていない。

さらに沖縄文化を対象とする日本研究者は、あえて、基地内および基地周辺の村落調査を避けてきた経緯があるように思う。一つの要因には、日本本土の文化研究者が求めてきたのは、静態的な「伝統文化」の記録であり日本文化の「原郷」を沖縄文化にもとめたことにもある。いっぽう、沖縄の基地問題および基地周辺の地域研究が、軍事史・政治史や国際政治、あるいは地政学的にのみ語られる

図1　トリイステーション（米陸軍基地）（正面ゲートの向こう海岸線まで広大な黙認耕作地及び旧楚辺集落跡が見える）

方向に傾斜し戦後の沖縄県民が享受してきた生活の急変をとらえきれないまま議論がすすめられてきたことへの内省をもとめたい。つまり、沖縄という文化・地域研究は、戦争やその後の基地問題と文化の問題をまったく無関係のまま個別的に記述しても文化当時者＝生活者（ウチナンチュー）にとってまったく意味を持たないという筆者自身も含めた来訪者（ヤマトンチュー）側の自省もこめたつもりである。また、沖縄の基地面積、日米安全保障条約にもとづく日米地位協定、基地財政・都市計画・労働人口計算等の行政資料のみでは、沖縄の社会構造、とりわけ、米国政府占領期から祖国復帰以後の生活構造を把握できないという自己・他己への反省から発表した。

ここで、本書の主要課題である「基地と聖地の問題」について理解いただくため、まず具体例を御覧いただきたい。

トリイステーション（図1）は読谷村楚辺地区にある米陸軍通信施設で、その名のとおり、基地のゲートに聳え立つ鳥居が名前の由来である。この基地には、陸軍特殊部隊（通称グリーンベレー）が常駐配備されている。この基地内には楚辺の移転前の元集落があり、聖地や墓と黙認耕作地が広がっている。以下に紹介した写真は二〇一四年三月に楚辺区長に同行し、撮影したものである。旧集落内には、七ウタキ（御嶽）とよばれる拝所があり、かつて多様な神行事の信仰対象があった聖地でもある。その中の一つ〈字火之神〉は、四坪ほどの瓦屋根づくりの殿内にあった拝所で、そこには字のヒヌカン（火の神）が祀られていた。楚辺住民や黙認耕作地の農業従事者は同基地の主に農耕ゲートでチェックを受け基地内に立ち入る（図2〜5参照）。

前述のように、現在も米軍基地内にある信仰行事が行われている。詳細は、第一章「強制移転村の聖地―楚辺」を見ていただきたい。この楚辺の調査の翌年から、沖縄県内のさまざまな基地内の聖地や基地周辺の共同体の調査を継続し新たな経験もしてきたが、その目的は先の学会報告で述べたことに基本的に変わりはない。あえて言えば学問的背景とは別に本書に収録したような記録を続ける動機には、自分なりの素朴な企てがある。米軍基地建設前より日本軍によって強制収用された土地や、沖縄戦後、米国統治下時代、基地強化の続いていた沖縄の軍事環境下で昔ながらの民俗文化は細糸を紡ぐように継承されてきた。そして、将来その地域共同体は、たとえ基地用地が返還されたとしても、過去から脈々と受け継がれた民俗文化の意味や記憶がなくなれば、まるで砂上の楼閣のような新興団

図２　同基地西側にある農耕ゲート

図３　農耕ゲートより許可証を提示して黙認耕作地に入る楚辺住民

図4　同基地内の黙認耕作地

図5　基地内にある字火ヌ神に線香を捧げる楚辺区長

地が出現し、沖縄の人々の心のよりどころとしてきた民間信仰やユイマール（互助共同）は消滅してしまうだろうと思うのである。その民俗文化を継承してきた人々の生活や聖地を記録し沖縄の戦後史に残す作業は、微力ながらも意味ある事だと思っている。

文化人類学分野の従前の研究において、沖縄の基地問題と関わって来た具体的な課題を改めて整理すると以下の六項目となる。

1　フェンスの内と外の世界観→聖地と神役の継承と祭祀行事
2　土地・屋敷・墓・位牌の相続・継承と「軍用地」の関係
3　郷友会の成立と自治会の共存
4　旧集落地図ほかの復元作業と現在の市町村合併問題
5　米軍人および軍属家族と沖縄人の婚姻問題
6　基地接収と戦後の海外移民

1フェンスの内と外の世界観→聖地と神役の継承と祭祀行事は本書の中心的課題であり、ほかのすべての項目にも関連する課題である。沖縄の聖地は基地の中にも外にあることを再考しなければならない。基地の中にある場合、基地内の聖地を日常的には、拝めなくなることが当然起こる。結果、〈カミンチュー〉（神人）がいなくなり、神役の継承が途絶えたり、拝所の伝承が不明確になってきている。また、その拝所を継承していても、その役職や拝所の正当性をめぐる問題も起きている。

2については、筆者の沖縄研究は家族・親族研究から始めたので、基地に隣接する集落では、土地・

墓の相続・位牌には関心を持ってきた。とりわけ、基地問題では「軍用地」の関係であり、これは当然、沖縄の「門中」や父系制と言う親族システムのなかで、位牌・墓の継承・相続と土地財産に関わり、さらには、それが軍用地料という賃貸・売買可能な不動産となった場合の親族システムの変化である。

3郷友会の成立と自治会の共存の課題とは、基地により接収された旧集落民の多くは、元集落地から他地域に移転し、その後、帰村した先で新旧住民の混在等により生起する問題である。この離れて暮らす人々が、「郷友会」と言うネットワークで結ばれている場合がある。「郷友会」は、必ずしもすべての旧字《あざ》で結成されているわけではないが、旧住民の親睦団体を超えて例えば、旧集落の戸主および分家者のみの加入資格や、時に共有財産を保持するなど、元集落の地縁集団にもとづきながら、ある意味、自律的でコーポレートな組織を形成している。後述する北谷町砂辺地区の郷友会は二〇一七年四月に一般法人化し共有財産の保護を法的にも整えた会の典型である。いっぽう、返還地では、新住民も移り住んでくるので、新たに再生した自治会と旧住民（郷友会員）の二重のコミュニティが存在している地域もある。また、近年に返還された地域では、自治会そのものが組織されていない地区もある。これらの課題は、従前の研究に見られた旧村落へのアイデンティティーや郷愁を超えて、土地を奪われたことに起因する旧住民と新住民の共存・共生と同時に旧シマの文化財も含めた目に見えぬ住民間の境界に関わるコミュニティの人類学的課題がある。

4近年、沖縄県レベルで市町村合併が進んでいるが、基地用地に接収された村落では、本来の元集落が消滅・分割された経緯がある。また、沖縄戦で公文書他、文字資料の喪失による地籍の確定作業は困難を極めた背景もある。その後、基地返還地での、新住民も含めた都市開発や市町村合併の中で、住民自治組織の再編・行政サービスに多くの課題を残している地区もある。現在、基地周辺の字では、字誌の歴史編纂が進んでいるが、元集落の復元地図が住民自治の原点として重要な意味を持っている。

5米国軍人・軍属と沖縄人の婚姻問題であるが、基地内外に在住する米国軍人や退役軍人他と沖縄人との婚姻関係とその子供の課題は、「アメラジアン問題」として、社会学・人類学から議論されてきた。その中心はアメリカ合衆国民と沖縄出身妻の間に生まれた子供の教育や社会問題であったが、近年では、基地就労による婚姻関係の多国籍化が進む傾向にあり、また、外国移住者も含め外国人登録者県内在住者数も増加しており沖縄の婚姻・家族の変容として、新たな人類学的課題と言える。(3) さらに、軍隊と性暴力や風俗のもたらす軍事的環境下の社会問題にも留意しなければならない。

6移民研究との関係では、基地接収の後、戦後の移民を多く出したケースも散見される。例えば、読谷村でも一九五〇年代の米軍基地の拡張・立ち退きの結果、生活の糧を求めて南米ほか、海外移民をだした集落も少なくない。戦後の新移民と基地問題は無縁ではない。

さて、具体的な戦後の沖縄で基地接収により村落共同体の移転を余儀なくされた旧集落のパターンとしては、以下の四つの種類に分けられる。

1　強制移転させられたままの集落

2　村落の一部を接収されたままの集落

3　軍用地接収地域を返還された集落
4　基地の中に消えた集落

本書では、この1から4の聖地と共同体の過去と現在について記述するわけであるが、対象とする集落に関わる米軍基地を列記すると次の通りである。

・「トリイ通信基地」「ボーローポイント射撃場」（読谷村）
・「キャンプ瑞慶覧」「キャンプ桑江」「嘉手納飛行場」「陸軍燃料貯蓄施設」（北谷町・嘉手納町・沖縄市他）

沖縄の戦後史において、十分に記録されてこなかった米軍基地のフェンスの内と外に祀られてきた火の神・川の神・井戸の神・土地の神他の多くの神々が戦後いかに祭祀されてきたのかを描き出したいのである。

《注》

（1）シマの定義は『沖縄民俗事典』（二〇〇八年、吉川弘文館）によれば「日常生活を営む地域や領域を示した沖縄語。同時に死後の世界をも包摂し得る意味をもって使われる。」（渋谷研執筆）とある。この事典項目の参考文献には大胡欽一「祖霊観と親族慣行―琉球祖先祭祀の理解を目指して―」（日本民族学会編『沖縄の民族学的研究―民俗社会と世界像―』所収、一九七三年）があげられている。大胡欽一（一九七三年）のシマの概念を抜粋・引用してみると次のような説明である。「〈シマ〉は地理的概念としての島（island）を指示すると同時に、人々の日常生活過程の地理的領域ないし地縁的生活慣行の場を指示した用語である。また、〈シマ〉は「ワッター・シマ」や「アガリ・ヌ・シマ」というように「私のムラ」「東方の島」をも内包した概念構成の民俗用語である。「ワッター・シマ」や「アガリ・ヌ・

シマ」のもつ意味内容は、同一のシマを用いながら前者は現世における生活領域を内容として。後者は死後の世界・他界を指示するものであり、このことからして現世と来世が人々の認識ないし思考性向として連続的であることが指摘されよう」（同一七一頁）。こうした説明は仲松弥秀『神と村』（一九七五年）（伝統と現代社）にも共通する理解である。筆者なりに簡潔にいえば、〈シマ〉は人々の暮らす聖・俗一体の空間を示す沖縄方言である。

（2）一九九九年六月、石井昭彦氏（明治大学兼任講師）と共同報告した。沖縄の伝統行事の再編を基地化にともなう強制移転の集落でいかに記録するかについて資料報告を行った。

（3）米国軍人と沖縄人の結婚問題について、直近の著作では、宮西香穂里『沖縄軍事人妻の研究』（二〇一二年）（京都大学学術出版会）をはじめ、海外では、Rebecca Forgash. 2009 Negotiatig Marriage:Cultual Citizenship and The Reproduction of American Empire in Okinawa *Ethnology:An International journal of Cultural and Social Anthropology*, 48-3（同和訳　レベッカ・フォーガシュ「結婚の壁を乗り越える―沖縄における文化的市民権とアメリカ帝国の再生産―」岩瀬裕子・山内健太朗訳『人文学報№524-2　社会人類学分野11』首都大学東京人文科学研究科、二〇一八年三月）などがあげられる。また米軍関係者の性暴力を扱ったものには田中雅一「軍隊・性暴力・売春―復帰前後の沖縄を中心に」同編『軍隊の人類学』（二〇一四年）（風響社）他がある。また、米軍人家族と沖縄人の戦後の文化的接触と文化政策を扱ったものには森田真也「占領という名の異文化接触と琉米文化会館の活動」『軍隊の人類学』（二〇一四年）等がある。さらに世界に展開する米軍基地他と人類学的研究の課題については上杉健志が（二〇一六年）「軍事環境人類学の展望」（『文化人類学』日本文化人類学会編　vol.181-1）に理論的に整理して紹介しているので参照されたい。

第一章　強制移転村の聖地――楚辺

一　米軍の上陸直後――読谷村の戦争被害

一九四五年四月一日、午前八時三〇分、米軍の本島上陸作戦は、沖縄県読谷村海岸より開始された。（図1―1(a)）と（図1―1(b)）は米軍側撮影写真であり、上陸海兵隊員の前方は、本章で問題としている読谷村海岸および集落風景である。

本書のはじめに、米軍占領当時の記録と読谷村の戦争被害に関してまとめておく。なお、読谷村の村名は、一九四六年に改称している。それ以前は「読谷山《よみたんざ》」であったが、戦後、戦争の悲惨な記憶を払拭するため「よみたん」に改名し戦後復興をはかってきた。本書では、「読谷」に統一した。

沖縄本島中西部に位置する読谷村には、一九四三年より旧日本軍により強制接収された用地に北飛行場（後の読谷補助飛行場）が建設された。一九四五年二月末には、その防衛部隊として旧陸軍第三

図1－1(a)　1945年４月１日，米軍読谷村上陸時の風景（1998年『平和の炎』読谷村Vol. 10, 21頁より転載）

図1－1(b)　1945年４月１日，米軍読谷村上陸時の風景（1998年『平和の炎』読谷村Vol. 10, 23頁より転載）

一軍独立混成第一五連隊第二大隊が駐屯していた。米軍のアイスバーグ作戦（沖縄占領作戦）の中、本島上陸作戦の標的となった読谷村では、一九四五年四月一日、午前八時三〇分、米軍第三海兵軍団および第二四軍団により読谷村海岸から上陸、侵攻作戦が開始された（アーノルドG・フィッシュ二世、宮里政玄訳『琉球列島の軍政　1945―1950』沖縄県史資料編14　財団法人沖縄県文化振興会編、沖縄県教育委員会発行、二〇〇二年：以下、「軍政資料一九四五～一九五〇」とする）。

同日午前一一時三〇分頃までには北飛行場は米軍により占領されている。これに先立つ一九四五年三月二〇日には、全字民避難命令が、だされており、多くの住民はすでに北部国頭村方面に避難していた。また旧日本陸軍第三二軍はすでに北飛行場の破壊と退去を決定しており、上陸時において避難ができなかった一部の住人をのぞいては、集落および防衛壕は無人状態であった。楚辺に関わる当時の記録や、軍政資料には、次のように記録されている。「楚辺で一二軒の家屋しか残っていなかった。家屋のすべてが何らかの被害を受けていた（軍政資料一九四五～一九五〇、四八頁）」。筆者の調査によれば、楚辺の大湾家の家屋が最初の野戦病院に使用され、一九四七年に帰村した際には位牌等が散乱し、医療器具等が家屋内に残置されていたという。また、破壊の多くは、四月一日午前五時より開始された米軍の艦砲射撃による被害であったという。

上陸時の初期の状況は、米軍側の記録によれば、楚辺の集落は無人でピクニック気分で侵攻したとされる(1)。当時、通訳兵として楚辺に上陸した元日系米兵（沖縄在住）に二〇〇〇年九月にインタビューしたが、楚辺は無人状態であったと記憶していた。しかし、海岸集落から山手側の防空壕に潜んで

いた避難民に手榴弾が投げ込まれ老人が亡くなったという戦争証言も楚辺住民に聞き取りしたことがある。(2)

さらに、米軍を恐れた住民の一部にいわゆる集団自決による犠牲がでたことも事実である。楚辺集落内では〈クラガー〉と呼ばれる湧き水のでる自然壕の中で八名が入水自殺をはかっており、波平地区では〈チビチリガマ〉(自然壕)内に避難していた者の内、八三名が亡くなった。(3) このように、米軍上陸時の混乱において多くの一般住民犠牲者も出ている一九四五年であった。当時の戦時体験記録については、『平和の炎』Vol.2(読谷村発行)他、『島クトゥバで語る戦世』(琉球弧を記録する会発行、一九九七年)に詳しい。(4) また、楚辺の戦争証言は『字楚辺誌「戦争編」』(一九九二年)に詳しく、読谷村全体の戦争記録については『読谷村史』戦時記録編上・下巻にまとめられている。

調査対象地である楚辺の戦死者の数値・内訳を『字楚辺誌「戦争編」』(一九九二、六三五—六九〇頁)に収録された「戦災実態調査表」により算出すると以下のとおりである。一九四四年当時の字楚辺人口は、二〇七五人(戸数三八五戸)である。その内、一般住民の戦死者は三〇八人であり、軍人・軍属死者は一四一人である。戦死者総計四四九人であるから、字人口の約五分の一の人口を失っている。一般住民の死者三〇八人の内訳は、栄養失調(九〇人)、対馬丸遭難犠牲者(五五人)、銃弾・被爆(四〇人)、入水自殺・自殺(一九人)等である。対馬丸遭難者は、一九四四年八月、疎開児童・婦女子・老人の非戦闘員を宮崎県に輸送させる疎開船「対馬丸」の乗船者であり、同船は、一九四四年八月二二日にトカラ列島悪石島沖で米軍潜水艦ボーフィン号により撃沈された。(5) 楚辺の一般住民の死者年齢別では一〇歳以下の子供の死亡率が高い。なお、軍人・軍属死者数一四一人の内訳は不明であるが、一九四四年頃より徴用された現地防衛隊員（主に飛行場・防衛陣地建設作業のため現地徴用された部隊員）が多く含まれている。

米軍上陸後、事前に北部方面に避難した読谷村住民の多くは各避難先で投降後、集団収容キャンプで避難生活をはじめた。これらの米軍政府による収容所建設は第二七海軍建設部隊が沖縄に上陸した六月四日（軍政資料一九四五～一九五〇、四三―六三頁）以降、本格化する。

米軍上陸後の軍政府による一般住民の占領政策とその後の変化については米軍側の資料によれば次のとおりであった。米軍側の戦闘情勢の変化ならびに北部で予想以上の避難民の収容のため、避難所の最低生活場の確保と食料補給が軍政府の主要課題であった。戦闘の終了した一九四五年九月二〇日、島の司令官であるウォレス将軍は再定住に関する勧告を提出するよう軍政本部に命じた。当時二五万人の難民が石川、仲泊間の六号線以北のキャンプに収容されていた。米軍政府は海軍に対して六号線以南の地域で六八〇〇〇エーカー（一エーカーは約四〇四七平方メートル）、陸軍に四八五六エーカーをそれぞれ開放するよう要請し、海軍は五三五二エーカー、陸軍は二七九二エーカーを開放した。一二月末までに北部沖縄の五つの再定住は実質的に完了し、四万六五〇〇人が六号線の南に移動した。それとは別に一二万五〇〇〇人以上がまだ南への移住を待っていた。戦前の所有地に住民を移動させたわけではなかった。それよりも軍政府の目的は、ともかく住民を可能な限り早く移動させ暫定的に住居と農地を与えることであった。再定住の目標は一九四六年一月一日であったが、それはとても不可能であった。再定住が進むかどうかは、軍事的に不要となった土地の有無だけでなく、住民のために改修された住居あるいは新築の住居の有無によって決まった。一九四六年三月末までに再定住が軌道に乗り、三つのキャンプ（宜野座、石川、前原）は閉鎖され、難民に対する福祉作業は軍政府の総務部に引き継がれた。六月までに軍政本部は残りの四つのキャンプも閉鎖した。（軍政資料一九四五〜一九五〇、八一―八二頁）。

当時、軍政府の統治方針が可能なかぎり早期の沖縄住民の再定住の方向にあったが、軍事的重要性と軍用地の占有の高かった読谷村への帰村は、一九四六年八月六日になるまで帰村は許可されなかった。しかも帰村が許されたのは、旧二二字の内、わずかに波平、高志保地域の二字地域への帰村のみであった。

再定住の経過は本書で問題としている読谷村・北谷町の多くの字も同じ経験をしている。一旦、定住しても、戦前の耕作地か他所への間借りであった。しかも、旧村落の多くが基地用地に接収されたため、極めて狭小な居住地区であった。

二　読谷村の戦後の集落移動

（図1―2）は戦後、村内の約九八％を米軍に接収されたことにより集落の強制移転・帰村がくりかえされた移転状況を図化したものである。

読谷村は戦前から終戦時まで、二二の字（シマ）で構成された村である。現在の地区名を列記する

と長浜《ながはま》・瀬名波《せなは》・儀間《ぎま》・渡慶次《とけし》・宇座《うざ》・高志保《たかしほ》・波平《なみひら》・上地《うえち》・都屋《とや》（戦後創設）・喜名《きな》・親志《おやし》・座喜味《ざきみ》・楚辺《そべ》・大添《おおぞえ》（戦後創設）・大木《おおき》・伊良皆《いらみな》・牧原《まきばる》・長田《ながた》・渡具知《とぐち》・古堅《ふけん》・大湾《おおわん》・比謝矼《ひじゃばし》・比謝《ひじゃ》である。

一九四〇年当時の読谷村の総人口は一万五八八三人であり総世帯数は三三六〇世帯であった。

読谷村の帰村および集落移転史については『激動—読谷村の戦後のあゆみ』（読谷村、一九九三年）に詳しい。また、「読谷村における軍用地接収による集落移動の移動」（比嘉三樹夫、一九七二年）では、戦前からの読谷村の集落史と戦後の移動が詳細に記述されている。戦後の米軍政府による強制移転時の公文書・行政資料は、『平和の炎』Vol.11（読谷村、一九九九年）に所収されている。また、楚辺の帰村、移転の状況は『字楚辺誌「民俗編」』および『字楚辺誌「戦争編」』に詳しい。以下の読谷村の戦後の集落移転状況は、調査資料に加え、これらの文献資料にもとづいている。

読谷海岸米軍上陸後から、村内面積の約九八％が占領され読谷村民の帰村は困難と混乱を極めた。第一次帰村は一九四六年八月六日に米軍より公布された居住許可が公布されるが、実際に帰村できたのは波平・高志保地区の二字のみであった。この時期は、米国政府の対中国・対ソ連への反共政策が強化され始めた時期であり、沖縄の占領政策・基地政策を大きく変更した時期でもある。それでも、この二字の開放は読谷村民にとって郷土の復興の最初の足掛かりであり、読谷村民は「読谷村建設隊」を組織し同年八月一二日より規格住宅建設に着手する。しかし、八月三一日には米軍政府より村民移動中止命令がおり、再度九月一一日には中止命令解除となるなど、軍政府側にも混乱がみられる。住宅建設隊が本格的に建設工事に着手できたのは、同年九月一九日のことであった。実際に第一次

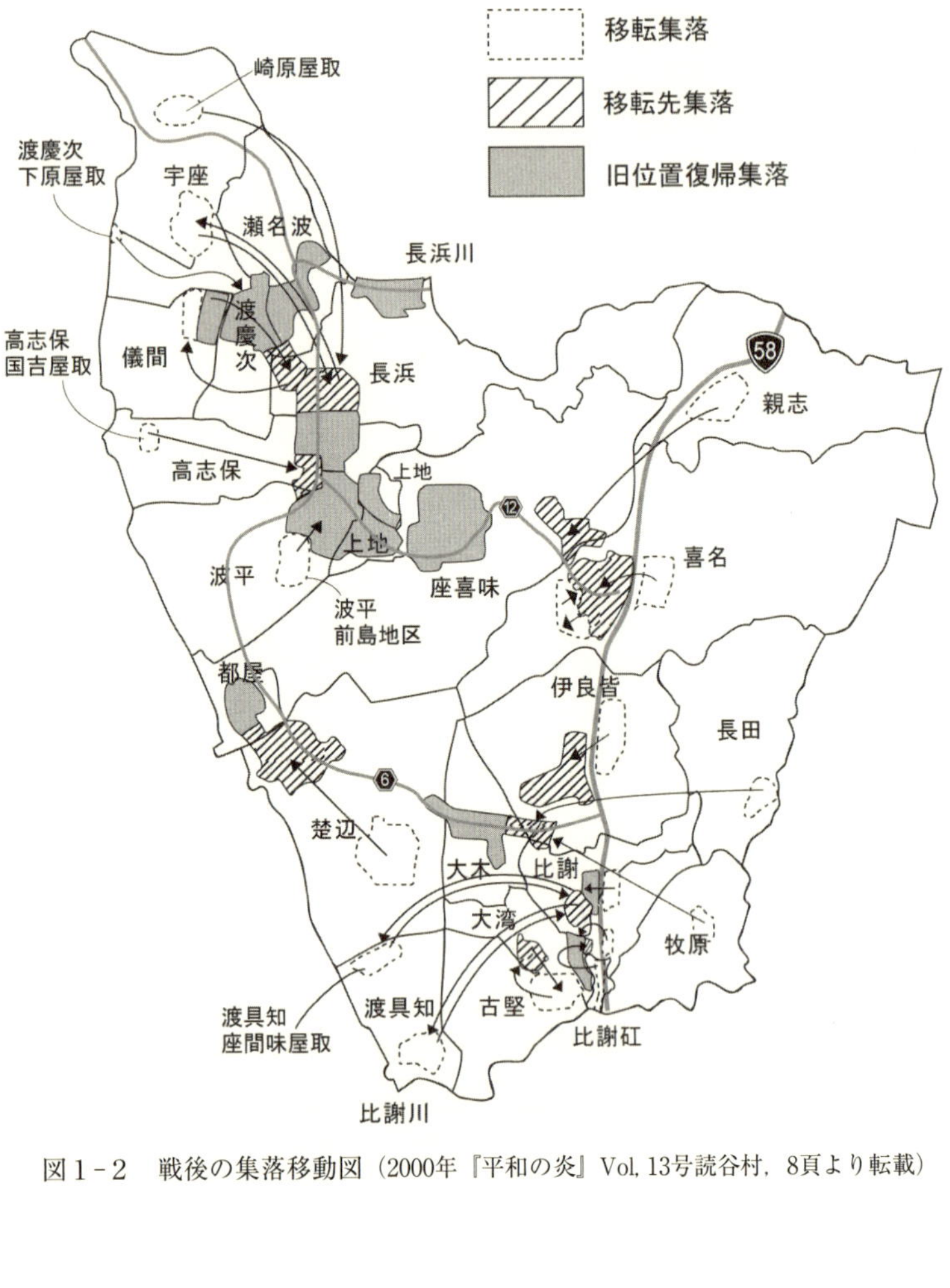

図1-2　戦後の集落移動図（2000年『平和の炎』Vol, 13号読谷村，8頁より転載）

の移動が開始されたのは一一月二〇日であり、一二月二〇日までに波平、高志保地区に移動・帰村できた読谷村民はわずかに、約五〇〇〇名ほどであった。この移動地としては、高志保以北の旧字読谷村民は高志保地区に波平以南の旧字住民は波平に居住した。また移動の主な対象者は、辺土名《へんとな》、田井《たい》、久志地区等、比較的遠隔地に避難していた住民が中心であった。また同年一二月一日には、波平に読谷村役所が設置され村政事務が再開した。

一九四六年一一月には、楚辺と大木地区に移動許可がおり楚辺に建設隊南部支部を設置し、翌年二月二一日より宜野座地区避難民を中心に読谷村への受け入れを開始した。同年四月一日に旧古堅校区の住民移動が開始され楚辺、大木地区への住民移動は同年四月一一日より開始されている。第三次村民移動は同年五月から本島北部方面避難所民を対象として、同年八月から第四次移動が沖縄市、石川方面居住者を村内に移動させ旧住民の移動を完了した。村内帰村は完了したものの居住許可地域は、返還された一部の字である。この時期、まだ多くの住民が元の字に帰村したわけではなく他の字に仮住まいしている状況であった。

その後、一九四七年一〇月一六日に瀬名波・渡慶次・儀間地区に居住許可がおり、旧住民が移動した。しかしながら、一九四八年五月一二日、米軍政府は基地建設用地接収のため儀間、渡慶次地区の一部の地域に立居入り命令を発布し、この地域の家屋の撤去が開始された。儀間、渡慶次地区の移動により行政班の改組が行われ、事務所を高志保に移転する。喜名地区は一九四八年一二月二日、旧ルート1（現在国道五八号）以西に移動し、旧地区の東側は現在嘉手納弾薬庫基地内に接収されている。

渡具知地区は一時開放されたものの一九五四年六月に再度、米軍用地として接収され、比謝西原《ひじゃいりばる》に移動し、さらに一九七三年に旧集落が開放され、帰村が可能となった。牧原地区は嘉手納弾薬庫用地に近年まで接収されたままであったが、一部の旧字地が部分返還されている。なお、旧牧原地区住民は伊良皆、比謝地区の一部を購入し一九六一年に移転している。嘉手納弾薬庫内の部分返還地の旧字地であるが、戦前より沖縄製糖株式会社に譲渡していた経緯から、現在、ゴルフ場地となっている。

戦後の読谷村の復興には、マクロには米軍政府の占領政策の変化が関与し、つねに米軍基地用地接収と住民の帰村要求にゆれた共同体の苦悩が映し出される。一九四九年の中華人民共和国の成立、朝鮮戦争勃発、一九六〇年代からのベトナム戦争、沖縄の基地と住民生活は常にともにあったし、基地なし沖縄返還闘争をはじめ、米軍政府・日本国政府と対峙してきた住民の歴史がそこにあった。

（図1―3）「読谷村の軍用と返還軍用地」は戦後、村内の九八％が接収されて以降、基地返還の経緯を図化したものである。これによれば、二〇一五年現在でも約三六％が軍用地として接収されたままである。なかでも、「トリイステーション」（トリイ通信施設）は、第一陸軍特殊部隊（通称：グリーンベレー）が常駐配備されていると同時に極東の情報通信基地として戦略上の重要拠点となっている。また、嘉手納弾薬庫は総面積二万八〇八一平方キロ（村内面積：一万一四四九平方キロ）を要する広大な軍事施設であり、文字通り、米軍の弾薬庫であり太平洋空軍弾薬監察官、陸軍弾薬庫補給機関第八三兵器大隊、海軍機動機雷部隊他の常駐する軍事施設である。日本の安全保障の問題等に関する協議機関は、いわゆるＳＣＣ（安全保障協議委員会）があり、ＳＣＣの下に「沖縄に関する特別行動委員会」（Ｓ

ＡＣＯ）が一九九五年一一月に設置されたが読谷村のこの両基地の返還構想は議題にすらあがっていないのが現状である。

読谷村内に戦後、建設された軍用地の返還状況は（表1―1）（図1―3）の通りである。なお、主な軍用地は瀬名波通信施設（六一ヘクタール）、楚辺通信施設（通称象の檻五四ヘクタール）〔図1―4参照〕、トリイ通信施設（一九八ヘクタール）、嘉手納弾薬庫（一〇六六・六ヘクタール）、読谷補助飛行場（一九一ヘクタール）、ボーローポイント射撃場等の軍事施設が置れてきた。

これら施設の返還状況をまとめると（表1―1）のとおりである。

以上、読谷村の戦後の強制移転ならびに軍用地返還による帰村状況を述べてきた。各字の戦後の集落移動の状況であるが、各字の移転・帰村の経緯から整理すると次のとおりである。

①旧集落に復帰している字

高志保、渡慶次、瀬名波、長浜、波平、上地、座喜味、都屋、大木、比謝、大湾、比謝矼の一部

②基地返還後旧集落へ復帰している字

渡具知、宇座、儀間（＊宇座、儀間は公民館が字外に位置）

③基地接収のため字内で集落移動している字

喜名、伊良皆、楚辺

④字内集落移動後、旧集落へ復帰している字

古堅

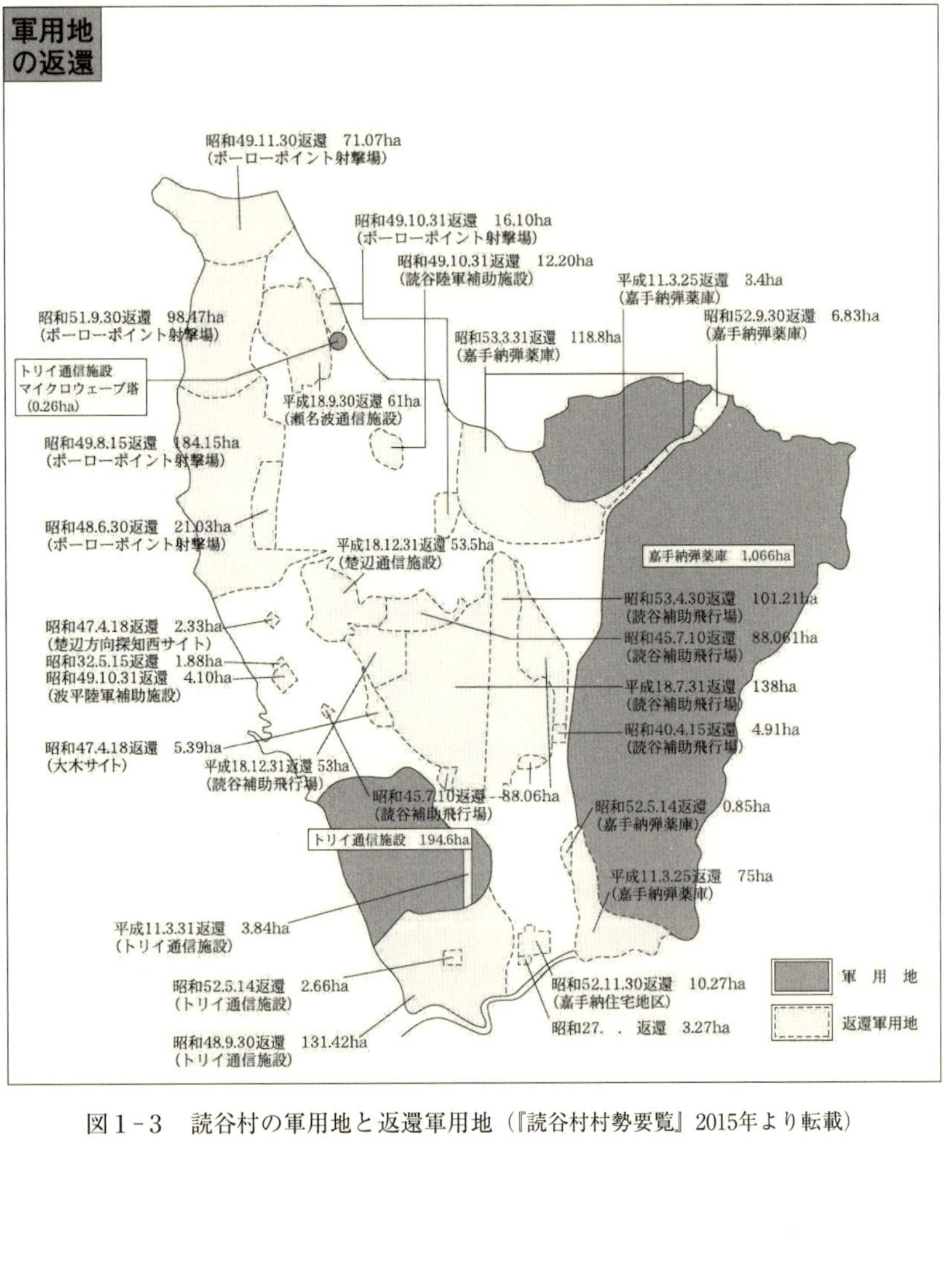

図１-３　読谷村の軍用地と返還軍用地（『読谷村村勢要覧』2015年より転載）

図１－４　楚辺通信施設（通称「象の檻」）

図１－５　字楚辺旧部落図（『楚辺誌「民俗編」』49頁より転載）

表1－1　米軍基地返還状況

名　　称	返還面積（単位ha）	返還年月日
嘉手納住宅地区	3.27	昭和27.　―
波平陸軍補助施設	1.88	昭和32.　5.　15
読谷補助飛行場	4.91	〃　40.　4.　15
読谷補助飛行場	88.08	〃　45.　7.　10
楚辺方向探知西サイト	2.33	〃　47.　4.　18
大木サイト	5.39	〃　47.　4.　18
ボーローポイント射撃場	21.03	〃　48.　6.　30
トリイ通信施設	131.42	〃　48.　9.　30
ボーローポイント射撃場	184.5	〃　49.　8.　15
ボーローポイント射撃場	16.10	〃　49.　10.　31
読谷陸軍補助施設	12.20	〃　49.　10.　31
波平陸軍補助施設	4.10	〃　49.　10.　31
ボーローポイント射撃場	71.07	〃　49.　11.　30
ボーローポイント射撃場	98.47	〃　51.　9.　30
嘉手納弾薬庫	0.85	〃　52.　5.　14
トリイ通信施設	2.70	〃　52.　5.　14
嘉手納弾薬庫	6.83	〃　52.　9.　30
嘉手納住宅地区	10.27	〃　52.　11.　30
嘉手納弾薬庫	118.80	〃　53.　3.　31
読谷補助飛行場	101.20	〃　53.　4.　30
嘉手納弾薬庫	3.4	平成11.　3.　25
嘉手納弾薬庫	75	〃　11.　3.　25
トリイ通信施設	3.84	〃　11.　3.　31
読谷補助飛行場	138	〃　18.　7.　31
瀬名波通信施設	61	〃　18.　9.　30
楚辺通信施設	53.5	〃　18.　12.　31
読谷補助飛行場	53	〃　18.　12.　31

※2015年『読谷村村勢要覧』P28より筆者が作成。

⑤基地返還後も旧集落へ復帰できない字
　牧原、比謝矼の一部
⑥旧集落が全て米軍基地内である字
　長田、親志
以下では、強制移転したままの集落・楚辺地区について記述を進めたい。

三　移転とシマの再生

読谷村楚辺では、強制移転前の旧集落を古楚辺〈フルスビ〉、移転後の集落を新楚辺〈ミースビ〉と呼び、区分している。まず、旧楚辺集落の概況を記述しておく(6)。

戦前の旧集落を再現したものが、（図1—5）である。旧集落の総面積は七六万六五〇〇坪であり、そのうち宅地種目は六万〇八〇〇坪であった。畑は他字内所有地も含めて五四万九六〇〇坪を所有していた。戦前の人口、戸数は、三八五戸、二〇七二人（一九四四年時）であった。戦前の楚辺は純農家を中心に戸数の九九%が農家であった。明治末期から昭和にかけてハワイ移民やフィリピン、南洋方面への移民も出している。戦後の人口は、帰村許可となった一九四八年四月時点での戸数、人口は、三三九戸、一四一七人であった。旧集落当時の小字名は以下のとおりである(8)。

字東、字西、東原、西原、前原、後原、赤犬子《あかいんこ》原、大添原、高士原、今切原、富里原、溝端原、善

浜原、下口原、西前原、東前原、徳地原、親見原、吉川原、西上原、東上原、中上原の二二小字である。このうち、旧集落の居住地は、字東、字西、東原、西原を中心にしていた。

旧集落内には、サータヤー組（製糖組）として五組の字組織が編まれていた。戦前の楚辺は沖縄の平均的な純農村であり、一戸平均約一八〇〇坪を耕作していた。主な換金作物は、サトウキビでありその他、多種の穀物を栽培していた。宅地平均面積は一五〇坪であったという。生活の基盤である飲料水の確保は、約三〇世帯単位で共同利用していた井戸であり、旧集落の二二ヵ所に掘られていた。この他、溜池が一一ヵ所に作られ、余剰の水を溜るために各溜池は排水路で結ばれ、〈ユナブングヮー〉とよばれる自然洞窟まで結ばれていた。商店は集落東側の又吉商店、西側に池原商店の個人商店二件であり、大正年間には字民で経営する共同売店もあった。

前述のとおり楚辺と大木の一部が一九四六年一一月一五日に移動許可となったので、建設隊南部により仮設建設が開始され、一九四七年四月に旧古堅校区内の住民は楚辺、大木に移動する。楚辺区域内には旧楚辺住民と渡具知住民が同居するかたちで、村の復興が始まった。荒廃した村では横二間半（四メートル五〇センチ）、縦二間（三メートル六〇センチ）の仮設住宅にて多くは二世帯での同居生活が始まった。一九四八年一月にようやく元の字事務所跡地にトタン葺きの字事務所が再建され戦後初代の区長、役職者が選任された。また同年に婦人会も再結成され、戦前からの年中行事「生年合同祝」もその前年に復活している。

こうして帰村定住の整備が開始され、一九五一年には、土地所有権証明書が公布されたが、同年五月一七日、米国民政府より突然、トリイ通信基地建設のため旧楚辺地区からの立ち退き命令が通達された。住民は混乱を極めたが、いたしかたなく翌年二月二三日から旧村落の西側の耕地（溝端原、富里原、善浜原、吉川原、高土原）を開拓整地し移動を開始した。この移転作業は同年五月二八日までに完了した。

この移転においては全字民に一〇〇坪ずつの敷地を割り当て、居住地はくじ引きにより決定した。住民は配分された敷地の内一五坪を各世帯で字道路用地に供用した。移転にともなう不動産に対する損失補償金はなく、村を通じ、米国民政府に請求書を提出した（一九五三年）。この強制移転にともなう損失補償金が米国民政府より支払われたのは一九五五年の七月であった。総額は五二八万九四二〇円（四万四〇七〇ドル）であった。

＊

この時期の村落移動の経緯とシマ再生のプロセスをまとめるのにあたり、一つの家族のライフヒストリーから話を始めたい。なお、聞き取りをした比嘉家の系図は、図1―6のとおりである。

（事例）話者：比嘉恒健氏（自己、大正一二年生・男性・楚辺出身）以下H・K氏とする。

以下、話者の家族・親族の展開を戦争期も含めて聞き取りしたものを要約する。

「自己の門中は山上門〈ヤマイージョー〉である。上門門中の墓から一九九五年に独立した次男系の門中である。A2の名前より山上門として都屋に墓をつくった。同一の墓に入っている故人はB2の長男・次男とその男系血筋関係者を中心に一四人の故人である。ただし長男B1夫婦とその子・孫の内、戦時中、対馬丸遭難で死亡した者の遺骨はなく納骨甕には海岸で拾った小石三個が入っている。位牌の継承については本家位牌をE1、分家位牌をE2が継承している。また、B1の兄弟B2の位牌も戦前、独身で死亡のため、E2が継承している。自己の長女は戦争避難中幼少で死亡のため、自己宅の裏座で祭祀している。理由は、自己宅位牌棚に、まだ元祖がいないためという」。

「本家承継者B1には戦前五人の子供ができた。長女C1（一九〇三年生）、次女C2、長男C3（一九一七年生）、次男C4（一九二〇年）、三男・自己（一九二三年生）の順で旧楚辺の番地は二一二番、屋号が仲上門小で生まれた。長女と次女は楚辺内に婚出した。その後、比嘉家は楚辺集落内のクラガー近くの七三五番地に移転する。戦前、長男C3夫婦も次男C4夫婦ともに内地に出稼ぎに出ていたので、比嘉家の屋敷と畑は自己が管理していた。自己は一九四二年、二〇歳で結婚し、一九四四年に長女を出産している。同年八月二二日、疎開船対馬丸に乗りこんだ自己の父・母・姉・甥・姪の計六名が死亡する。また、長男C3の妻とその子供は翌年、大坂で空襲により死亡する」。

「自己が二〇歳で結婚、一九四四年に長女を出生する。この年、自己は九月一五日に防衛隊に召集される。召集といっても嘉手納方面での土木作業が中心であったから最初は自宅からの通いであった。妻は上陸直前の一九四五年三月二七日まで楚辺で母と長女とともに暮らした。自己も上陸が近づくと部隊とともに移動した。妻・長女・妻の母は三月二七日に親類を頼り、国頭方面へ脱出したが、避難途中、長女は栄養失調のため死亡する。自己の日本軍所属部隊名は〈山部隊〉といったが、五月二五日頃に米軍の捕虜となり、嘉手納の砂辺に収容された。捕虜としては最初の頃だったので、日本兵と

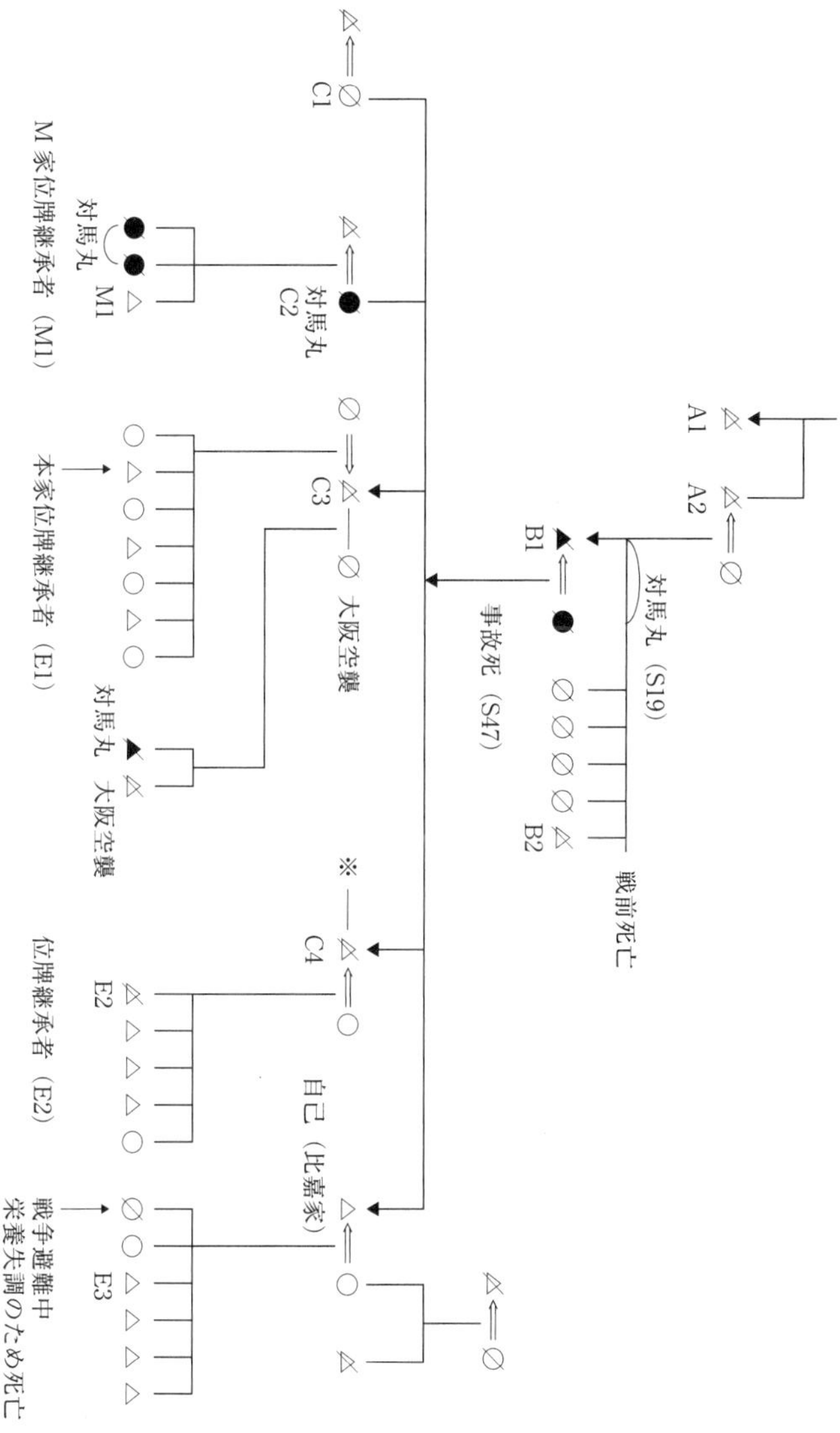

＊△＝男性，○＝女性
＊▲／●は対馬丸乗船のため死亡
＊△M1は対馬丸に乗船していたが数少ない救助者
＊※＝省略

図1-6　比嘉家系図

一緒に収容されていた。その後、六月の初旬頃、米軍の船でハワイの収容所へ移転された。翌一九四六年の一〇月頃に釈放され、沖縄の石川の収容所にもどり妻を探した。石川の収容所で妻と妻の母に再会する。長男E3（一九四七年生）は石川の収容所で生まれた。一九四七年に旧楚辺の仮設住宅に家族で帰郷する。この規格住宅は横三間・縦二間半の広さで、材料は米国製で二×四インチの角材で建設された。この家を二世帯に分割して使用していた。次女をこの住宅で出産した。一九五二年の新集落の強制移転により、現在の屋敷に抽選で入る。配分の方法は、碁盤上に新開地を仕切り、各世帯一〇〇坪ずつを割り当て、道路用地を字が買い戻す形式をとった。そのため各世帯は約八五坪ずつとなっていた。H・K氏は旧楚辺集落の家の萱だけ外し、柱等の枠組みをトラックで運び、現在の住居に家を建設した。新集落の家屋で次男、三男、四男が出生する。現在、次女は嘉手納町に婚出、三男・四男・五男も内地に他出している。自己の同居家族は、長男の妻と孫の計五名である」。

山上門中に属する比嘉氏の家族の歴史であるが、事例の系図にみる通り、対馬丸の遭難も含めて、戦災により親族関係者が計八名、死亡している。比嘉氏は、「戦争により墓がやられなかったのは助かった」という。これは、戦争により位牌・系図等の文書記録も焼失し、かつ本家の元祖継承者であるB1の死亡等の条件は親族・門中の継承に大きな影響があったと思われ、墓の再整備や門中系図により記憶のなかの門中が確固とした記録として再現可能となったといえる。

比嘉氏のライフヒストリーと楚辺集落の移動・行政組織・社会史と基地関連の項目を併記しまとめたものが（表1―2）である。なお、（表1―2）にある通り一九六〇年に戦争犠牲者を弔う慰霊之塔が建てられたが、この時期を境として「生きていくのがやっとだった時代」（話者談）を終え、あらたなシマづくりの活動が開始された。

（表1—2）の集落移動の経緯とシマ再生のプロセスに関連して、楚辺の戦後史を整理してみると、おおよそ次の三期の区分ができる。

第一期（一九四六〜一九五一年）

集団収容所生活から旧楚辺集落への帰郷が許可された年代であり、戦後の生活再建時期である。旧楚辺での仮設住宅生活期間であり、行政組織の立て直し期であり、区長・役員選出他、青年団・婦人会が結成され、一部の年中行事も再開した。

第二期（一九五二年〜）

一九五二年、楚辺トリイステーション建設にともない、強制移転を余儀なくされた新集落への移転、生活再整備期。立ち退き勧告により各一〇〇坪の規格住宅整備、新集落公民館の建設・公共事業の開始期でもある。また、この時期に、慰霊之塔建立の他、〈カミヤー〉神屋とよばれる旧集落内で焼失した草分け屋の拝所を新集落中心地〈カミヤー〉とよばれる聖地）に創設他、戦前より祀られてきた赤犬子宮《あかいんこ》の整備等、文化面での復興が新楚辺内で本格化する。綱引き・組踊り他の年中行事も再開している。

第三期（一九九〇年〜）

新楚辺内での聖地・拝所の創設と整備期。この位置付けは仮説的であるが、赤犬子宮の整備にとも

表1—2　比嘉氏のライフヒストリーと社会史

年代	集落移動・行政組織	社会・文化	米軍・基地関連	事例 自己H・K氏, 大正12年生・男)
1942				自己20歳で婚姻, 農業を営む
43				妻の兄, 海軍へ召集
44	17歳以下の非戦闘員・婦人・老人疎開勧告, 北部(国頭村等)への避難開始			長女出産, 防衛隊召集(9・15) 10・10空襲 対馬丸で避難した父・母・姉・甥・姪計7名死亡(8・22), H家の甥一人漁船に救助され生存(現在本家継承者)
45	全字民避難命令(3・20) 米軍, 読谷村に上陸開始(4・1) 集団収容所生活(コザ・金武・石川等)	住民の一部, クラガー内で入水自殺	米軍による集落全域占領 楚辺大湾家沖縄戦で最初の野戦病院として接収される. 米軍施設の建設	自己の部隊名護方面へ移動 妻と長女・妻の父母・国頭へ避難(3・27) 自己の長女避難途中, 栄養失調で死亡　1歳(4月) 自己捕虜となる(5・25)／収容所から南島経由でハワイ収容所へ(6月) 妻と妻の父母石川収容所へ(6月)／妻マラリヤ患う
46	一部楚辺地区に帰郷許可	仮設住宅建設部隊発足		自己ハワイ収容所より帰郷(10月), 石川の収容所で家族と再会
47	帰郷開始, 各地より移動	生年合同祝再開 楚辺青年団結成		自己の長男出生, 同居Y家族の妻, 長男出産後産褥熱で死亡
48		エイサー再開 楚辺婦人会結成		
49	字行政復活→区長等役職員を選出 字事務所建設			自己の長姉死亡
51	米国民政府「立ち退き」通達			
52	移動対策委員会設置→新集落での宅地抽選(各世帯・100坪), 立ち退き(2月～5月)	第1次八重山開拓移民 綱引き再開	楚辺トリイステーション建設	旧集落家屋の萱をはずし柱枠・板材をトラックで運送規格住宅を再建／移した新楚辺で次男出生
53				3男出生

年代	集落移動・行政組織	社会・文化	米軍・基地関連	事例 自己H・K氏，大正12年生・男）
54	黙認耕作農耕地（旧集落）への立ち入り禁止（3月）	第1次ボリビア移民		
55	黙認耕作地農耕許可・移動に伴う損失補助金5,289,420円（44,070ドル）を米国民政府より受領（7月）			
56	公民館建設・電化開始・簡易水道敷設	組踊り復活 赤犬子宮建立		
59	村営火葬場完成			4男出生
60		楚辺慰霊之塔建立・カミヤの創設		
63		〈クラガー〉（基地内拝所）整備	落下傘降下訓練抗議行動村全域で	
64				次女和歌山県の紡績所へ他出
65			小5少女，パラシュート降下訓練中，圧死（6・11）	
66		楚辺老人クラブ結成		
71			集落後方米軍ジェット機墜落	
72	集落内道路舗装開始 沖縄日本復帰		戦略通信所・楚辺トリイステーション統合	次男，関東へ他出／自己の兄夫婦事故死
73				次女婚姻
74	公民館新築			長男婚姻
77			トリイステーション一部返還	自己の次兄死亡
79			米軍落下傘降下演習事故	

年代	集落移動・行政組織	社会・文化	米軍・基地関連	事例 自己H・K氏，大正12年生・男）
84			陸軍第1特殊作戦部隊（グリーンベレー）再配備	
88		赤犬子シンポジウム	農耕地取り上げ撤回要請区民総会決議	
93		芸能シンポジウム		
97	楚辺浄化センター処理場完成			
2000			瀬名波通信施設受入れ区民総会決議	
2004		新楚辺公民館落成（3月）	通信施設一部移転	

ない、赤犬子祭りの活性化・旧集落内より移転した拝殿が創設されるなど多くの変化がみられる。象徴的には戦前すでに神役継承の途絶えていたノロ家に系譜上つながる家が新楚辺の屋敷内に一九九五年にノロ拝殿を創設している。

四 強制移転後の集落と新・旧聖地の二重性

一九五二年の強制移転により、基地用地の隣接地域に新開地を整備し移転した集落は、ほぼ長方形の形態をとっている（図1―7(a)参照）。本図はエイサーの字内を踊り歩く〈道ジュネー〉の順路である（二〇一六年夏）。この図中の0番がマグラと呼ばれる旧楚辺の草分け屋であり、この場所を〈カミヤー〉神屋と呼んでいる。毎年、エイサーは、ここに楚辺自治会が拝みをした後、楚辺青年団により踊りが奉納されエイサーの道周りが始まる。マグラの隣にあ

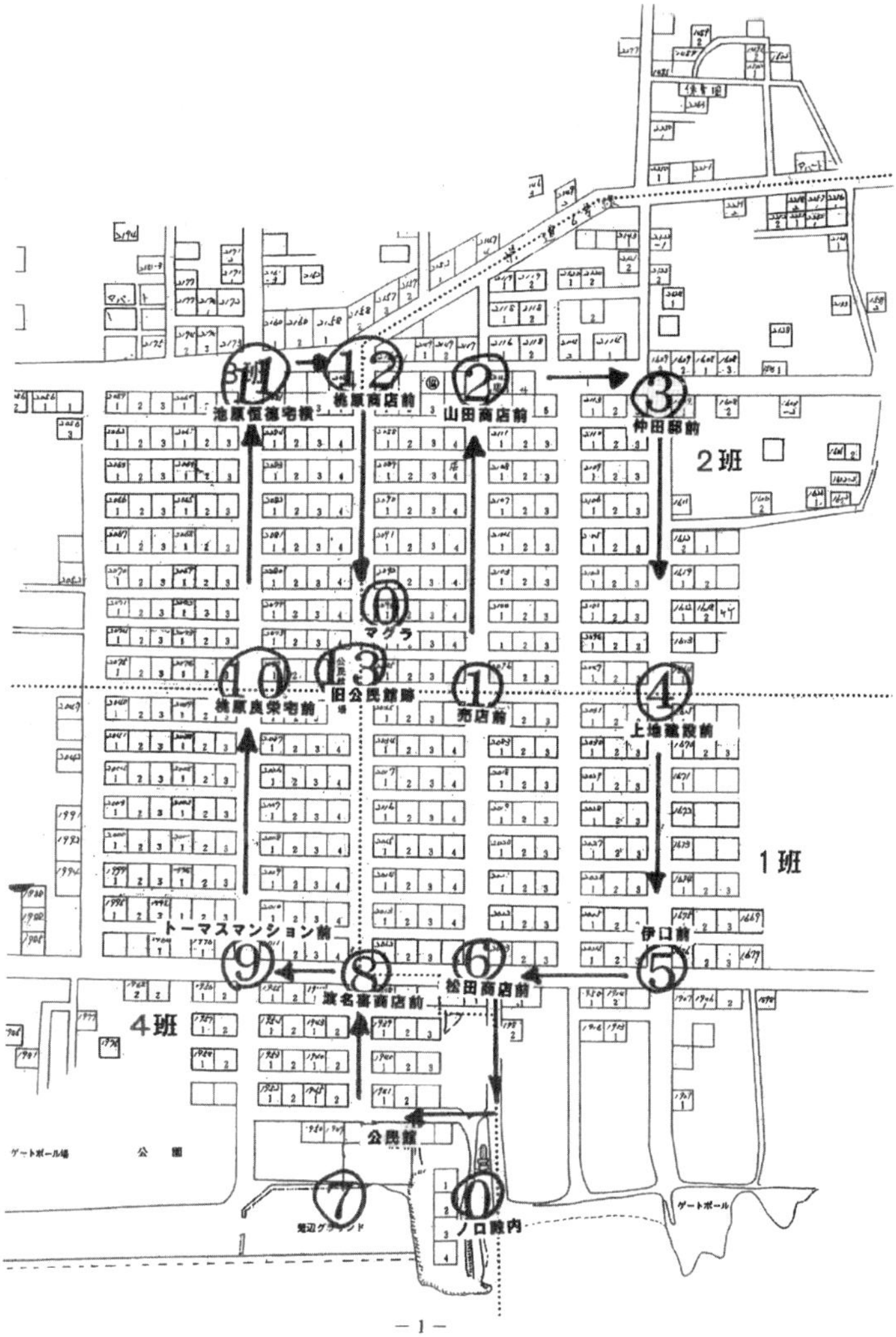

図1－7(a)　新楚辺集落図（2017年エイサーの道ジュネーの順路が記載されている．楚辺公民館作成）

図1-7(b) 旧盆のあとのエイサー道ジュネー風景

る（13番）は、強制移転した後の集落に建てられた公民館跡地である。ここより海岸のグランド脇（7番）に新公民館は移転している。

字行政のため区内を四分割し、一班から四班までの班構成をとっている。沖縄県では、一九五三年頃より琉球政府文教局の指導のもと社会教育活動が促進されはじめていたが、集落の強制移転等の条件により、楚辺の公民館建設は、大幅に遅れた。先の強制移転にともなう損失補償金が米国民政府より一九五五年に支払われたことにより一九五六年になって移転先の新楚辺で公民館が建設され、電化開始・簡易水道敷施等の公共事業も開始されることになる。また、この時期、青年会、婦人会・老人会他の自治会も再生され現在に至るが、楚辺の字行政の中心はこの公民館と公民館組織を中心に行われてきた。

現在、行政区楚辺の人口は二三〇八人、と世帯数は、七八七世帯である（二〇一一年）。読谷村では、実際に字行政区内に居住する人口と、字自治会費を納める数値は必ずしも一致しない。

たとえば、一九九四年度の楚辺の区加入人口は、二三六五人であるが、実際の居住地は波平（一一人）、座喜味（二一人）、都屋（一一七人）、大木（二〇人）等、他地域の居住も含まれている。こうした居住人口と区加入人口の差異が生じる要因には、新楚辺内に転入してきた新住民が加入しないこともあるが、当初は基地化にともなう集落移転が要件となっていた。

楚辺公民館（楚辺自治会）の二〇一六年度の一般会計を見てみると次のとおりである。歳入総額一億四八四九万八一八二円、歳出総額一億四一〇五万一三〇〇円であり、差し引き額の七四四万六八八二円は次年度に繰り越された。この年度の歳入総額が一億円を上回ったのは、字有地の一部が国道給へ抜けるバイパスのため県に買い取られたためである。字有地の内、軍用地料としての収入は四三四五万八二八二円であった。また、ゴルフ場等のリゾート施設への賃貸料は三九三万九三五四円であった。個別の徴収となる自治会費収は、二〇一六年度では次のとおりである。

A稼働者割（一六〜六四歳・一〇四四人）＝六七万八六〇〇円、B世帯数割（五六四世帯）＝二三六万八八〇〇円、C人口割（一九二八人）＝八〇万九七六〇円である。一人当たり）。自治会費そのもの収入は約四五〇万円ということになる。

歳出を見てみると公民館運営の施設費・人件費費用の他、この年度には、基地内の聖地でクラガーのポンプ取り替えに四九四万二〇〇〇円他、楚辺区の公共財の施設整備費が大きい。

個人としてのトリイ通信施設内の地主数は、一九九九年の聞きとりでは八八一名おり、楚辺軍用地主会の総面積は四一万二八九〇・八四坪であるという。また楚辺軍用地主会員は四三八人であった。

楚辺の年中行事について簡単にふれておこう。

楚辺公民館の二〇一八年のカレンダーによれば定例のデイサービスのほか、聖地の拝みや祭祀に関わるものもある。旧暦で行われたものには、アブシバレー（旧四月六日）、七夕（旧七月七日）、ウンケー（旧盆迎え）、盆中日、ウークイ（旧盆送り）・エイサー、トーカチ（旧八月八日）、カジマヤー（旧九月七日）、赤犬子スーギ（旧九月二〇日）、ウガンブトゥチ（旧一二月二四日）、等である。これら年中行事に祭して、基地内の拝所を必要とするときは、自治会区長以下、執行部で拝みに回る。

*

—新旧の二つの聖地—

旧楚辺住民は、戦後、旧集落内で一九五一年には字事務所を再建したが、その後の強制立ち退きにより消失、新楚辺で公民館を再建したのは一九五六年のことであった。その場所は、図1—7—Aの中心部に記されている旧公民館跡地（13番）であった。その道路を挟んで〈カミヤー〉神屋は、一九六三年一二月一二日に新集落の中心に建設され字全体の聖地を創設しムラ行事の中心的拝所となってきた。この敷地内には、かつての旧集落の草分け家である〈マグラ〉および〈大城〉の旧屋敷配置をそのままの形でモデル化し二つの拝所殿が造られている。また拝殿の中には、それぞれの祖先祭祀の位牌を祭壇に安置してムラ執行部によって祭祀されてきた（図1—8(a)~(d)参照）。

図１-８(a)　楚辺〈カミヤー〉神屋（左手が大城門中，右手が〈マグラ〉ムラの開祖の拝所）

図１-８(b)　同拝殿内の祭祀位牌・〈マグラ〉上代根神祝女慰霊

図1－8(c)　旧盆時送りの日にマグラ拝所で拝む楚辺自治会執行部

図1－8(d)　〈カミヤー〉神屋でエイサーを奉納する楚辺青年会

新公民館建設により字行政の執行場所が海岸沿いの図中（7番）に移転後も、楚辺の旧盆の拝みや奉納エイサー等はこの〈カミヤー〉神屋への祭祀を起点として行われる。

以下では、新楚辺にある聖地（A～G）の由来について記述しておく。

A　赤犬子宮：〈赤犬子〉とは、沖縄に中国より三線〈サンシン〉を伝えたといわれる伝説上の楚辺出身の偉人であり、戦前より〈アカヌクー〉とよばれる拝所がつくられ〈赤犬子スーギ〉と呼ばれる年中行事で拝まれてきた。戦後は、基地接収を免れたことも含めてこの場所は伝統文化復興の中心となってきた。一九八八年には赤犬子シンポジュウムが楚辺公民館で開催された。また、読谷村の字別構想においても伝統文化復興の主要な位置づけがなされている。赤犬子にまつわる民話は諸説あるが、三線を伝え、農作物の種を伝えた、五穀豊穣の神・偉人として祀られている。なお、赤犬子宮はトリイ通信施設ゲート北側にある〔図1—9参照〕。

B　赤犬子の墓：〈ユーバンタ〉とよばれる楚辺の発祥伝承に関わる海岸に一九八七年一月九日に建立された〔図1—10参照〕。

C　比屋久〈サーク〉拝所：赤犬子を代々にわたり祭祀してきた屋号継承者の敷地内に、赤犬子の位牌を祭る拝所が建立されている〔図1—11参照〕。

D　ノロ拝所：旧ノロ殿も現在、トリイ通信施設内なので、ノロ家に関連する系譜を伝承する大湾家敷地内に平成七年に建立され火の神と、ノロ一代からノロ七代までの位牌が祭祀されている。ただし、ノロが現在、楚辺にいるのではなく、ユタの託宣等により村内外から信仰するものが拝

図1-9　赤犬子宮

図1-10　赤犬子の墓

図1-11　赤犬子の位牌（屋号〈サーク〉宅の別棟に祭祀されている）

図1-12(a)　ノロ殿（ノロ家の子孫が移転先の大湾家の別棟に殿を建て位牌と火の神を祀っている）

図１-12(b)　ノロ殿内の火の神と位牌棚

図１-12(c)　ノロの代々の位牌

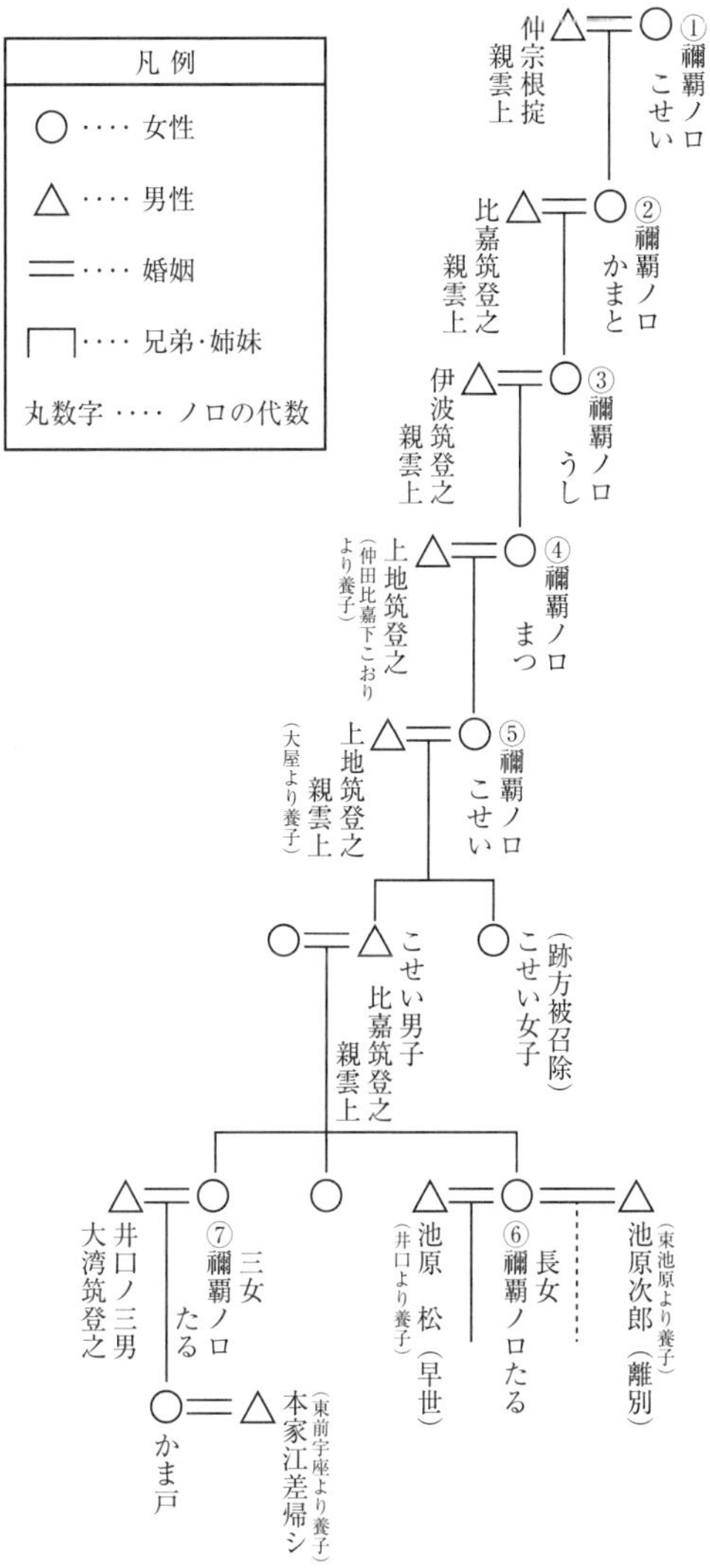

図1-12(d)　ノロの継承図（『沖縄のノロ』北中城村教育委員会94頁より転載）

むこともある。〔図1―12（a・b・c・d）参照〕。
E〈カミヤー〉：神屋とよばれる、旧公民館隣接地の敷地〔図1―8（a・b・c・d）参照〕。
F〈アシビ神〉：旧集落では踊りの神様といわれていたが、この神様に関連した屋号が〈ナービナク〉であった。現在は、公民館内に香炉をつくり祭祀している。
G〈ユシカーガマ〉：伝承不明で現在、空き地である。

五　旧集落内の聖地の過去と現在

基地の中の旧楚辺集落内には耕作地と墓・拝所等が残されたままである。耕作地に関しては、農耕許可証を交付されたものが黙認耕作地として、使用を一部許可されている。墓・拝所に関連するものとしては、農耕ゲートとよばれる黙認耕作地出入り口より、黙認的に関係者のみ一部立ち入りを許可されている。楚辺区公民館執行部は年間のパスを得ているが、農耕以外、例えば拝所の拝み等は、あらかじめ役場を通して基地の許可を取らなければならない。これには一、二週間かかることもある。

集落内には、七ウタキとよばれる拝所があり、かつては多様な神行事の信仰対象であった。ただし、楚辺では、村落共同体としての神役やノロ司祭者は戦前にすでに伝承、継承が途絶えており、一部信仰者による拝所となっていたため、現在は楚辺公民館執行部により区の行事に拝みに回る。公民館の事務室には村落の航空写真と旧拝所の位置がマッピングされたものが掲示されている。

図１-13　旧楚辺配拝所位置航空写真

（図１―14）の地図は旧集落の位置と拝所等がしるされている。

本書のはじめにも紹介したトリイステーションであるが、基地内への農作業には、基地側面にある農耕ゲートより入る。

この農耕ゲートからは農作業のほか、清明祭等の墓参り、拝所の拝みに入ることが黙認的に住民に許可されている。入り口に農耕許可名簿一覧があり、農耕従事者パス、公民館職員を証明する「Standard pass」他、一時的立ち入り許可パスを受けたもの以外は基地内への立ち入りを許可されない。

現在、基地内の火の神とは別に新公民館内にも「火の神」棚が設置されている。楚辺の公民館は、戦後、旧集落の字事務所から、新楚辺集落の中心部に設置されたが、さらに二〇〇四年には新楚辺公民館が、海

図１-14　旧楚辺民俗地図（『読谷村字別構想』143頁より転載）

図１-15(a)　閉鎖中の農耕ゲート

図１-15(b)　農耕ゲート入り口の農業許可者名簿

岸脇に移転・新設された。この施設は、瀬名波通施設をトリイステーション内に移転する条件に防衛施設局予算援助により新設された(8)。移転当時は移転の賛否を問う住民投票が実施がされた(8)。当時、日本一の大きな公民館として話題を呼んだが、この新公民館内にムラ祭祀の中心の「火の神」が設営され、かつての字行事へ開始・終わりの報告はこの火の神へ区長はじめの執行部によりなされている。

強制移転村というのは基地内の土地が返還されないわけであるから、旧土地に根ざす基地内の拝所の遥拝が問題となる。沖縄のムラにとって村祭祀の要となる「火の神」が基地内と基地の外に新設した公民館内に祭壇を設けざるを得ないのである。また、この楚辺は芸能が盛んなところで、かつては〈アシビグニ〉とも呼ばれていたが、かつて、芸能に用いる衣装が旗などを管理した旧家屋号〈ナービナク〉で祀られていた〈アシビ神〉も現在は公民館内に祭壇をもうけ祭祀されている。

もし、伝統的なシマが、イエ屋敷・井戸・湧き水・川・洞窟・杜や信仰対象としての祖先・水・火の神と耕作地が一体となった村落空間を意味することを前提とするならば、基地建設により生活空間としてのムラと祭祀対象としてのムラの二重構造が並存する歪んだシマが、強制移転村の現在である。さて、基地内にある旧楚辺の聖地を紹介しておこう。この拝所は旧楚辺の共有財産であり、楚辺区費により維持・管理されている。また、ムラ合行事には、自治会執行部により拝みがなされる。

この七つのウタキの名称は以下の通りである。

1〈トゥンチヤー〉、2〈暗川〉、3〈イーガー〉、4〈ウカー〉、5〈メーチンシ〉、6〈クミンドー〉、7〈ウガンヒラー〉

図１-16(a)　新設された楚辺公民館（2004年３月撮影）

図１-16(b)　同公民館グランド側より

図１-16(c)　新公民館内に設けられた火の神

図１-16(d)　公民館内に設けられたフアシビ神

旧集落内にあったこの他の信仰対象は、以下の通りである。
○〈タシーモー〉：集落北側に面し鍛冶屋の墓として拝まれている。
○〈西神アサギ〉：先述の登殿内に隣接し、木造藁葺きの家屋で、四隅に石柱があった。
○〈東神アサギ〉：集落の東側にある約一〇坪の広場であった。
以上の、聖地、拝所のうち、赤犬子をのぞいては、すべて現在は基地内に接収されている。

ところで楚辺では、風水に恵まれた集落という伝承がきかれる。どのように風水環境として恵まれているかについては話者により相違し、またその知識も断片的である。具体的に風水に関連する伝承としては、以下の伝承が記録されている。「大正時代、楚辺の大火事があった。三〇世帯が焼けた（一部略）。区長がユタヌヤーに習いにいった。するとクサティ（腰当）がよわっていると言われた。シマのクサティ（腰当）がガマ（洞窟）になっているから、そこを埋めなさいと言われた。確かに楚辺では農道をつくるため石粉を採掘して穴があいていた。そこを埋めなおすことにした。また、蔵もないから、そこに蔵をつくりなさいと言われ、蔵をつくった。今の楚辺のクサティはすばらしいよ。部落の北側に岩山があり、その上にサーク（比屋久）＝根屋の古い墓があり、それが楚辺のよいフンシーになっている」（楚辺在住、比嘉清次郎談、一九一〇年生、『読谷村史』第四巻資料編　民俗上、八七頁より要約抜粋）。また、この他筆者の聞き取りデータにおいては、楚辺集落の草分け屋伝承には、「大城」と「マグラ」があり、この両旧家の墓は集落の北側後背地にあたる高土原にあり、楚辺はとくに風水がめぐまれていたとする説が聞かれた。

現在、旧楚辺集落の聖地は、（図1―14）にみるとおりすべてが米軍トリイ通信施設内にある。

＊

以下は、二〇一六年三月に楚辺区長に同行し、トリイステーション内の拝所巡りをした折の聖地について記述しておく。多くの拝所の前には、簡便な伝承と英語訳の看板が楚辺自治会により立てられている。

これらの聖地はかつての多様な神行事の信仰対象であったが、楚辺では、祭祀の神人は戦前より継承が途絶えていた。

聖地の名称・由来については、旧楚辺出身の自治会役員や複数の古老に聞き取り調査をしたもので、その一部は（山内健治：二〇〇三、一三五―一四一頁）にまとめたので参照されたい。また、一九九九年には、『字楚辺誌「民俗編」』が出版されているのでその説明を参照した（同35―38頁）。

＊

○〈トウンチャー〉：かつてのマンドゥンチにあり四坪の瓦葺の拝所であった。そこに字のヒヌカン（火の神）が祭られていた場所である（図1―17（a・b）参照）。

○〈暗川〉：クラガーとよばれる自然洞窟で内部に湧き水があり小規模な泉があった。（図1―18（a・b・c・d））はクラガーである。伝承としては、「屋嘉のチラー」が飼っていた赤犬が、村の旱魃時に掘りあてたといわれる。水の恩のために拝んでいた。

○〈カビンギガー（イーガー）〉：集落の中央にあって付近一帯はカビの木で覆われていたのでカビ

図１-17(a)　基地内にある旧字火ヌ神

図１-17(b)　同火ヌ神（拝所で拝む区長．基地内のため線香には火が灯せない）

図１-18(a)　暗川（クラガー）の立て看板

ギンガーともいわれている。水の恩として拝まれている〔図1—19（a・b）参照〕。

○〈ウカー〉：集落の海側にあった自然壕内の泉。二月ウマチーにはノロや神人が、手足を清めたと伝承されている〔図1—20（a・b）参照〕。

○〈メーチンシ〉：集落南側にあり、ムラを立てた女神の墓の伝承がある〔図1—21（a・b）参照〕。

○〈クミンドー〉：集落西側の窪地にありムラ立てした男神の墓〔図1—22（a・b）参照〕。

○〈ウガンヒラー〉（東御嶽）：集落東側の丘の上にあり、字住民の守り神として祭っていたという。祭祀対象は、石灰岩の塊である〔図1—23（a・b）参照〕。

○〈タシーモー〉：集落北側に面し鍛冶屋の墓として拝まれていた。この拝所は鍛冶屋の神であるが、特定の祭祀対象物はなく、古墓と見られる石垣と群生する樹木そのもの場が祭祀拝所となっている〔図1—24（a・b）参照〕。

さて、基地内の聖地に関して記述してきたが、終わりに墓の問題である。墓地についての正確な所在は未調査であるが、墓地内の旧集落内に、現在、主に、南側に一〇数基の亀甲墓がみられる。また、共同墓地の位置が北東部にも確認されるが、基地施設内のため充分な調査が現在のところできていない。

〔図1—25〕は基地内にある門中墓である。米軍関係者による墓が荒らされることを予防して、墓標に十字架を刻印してある墓もある。基地内にある門中墓は近年、基地外に移転する傾向もある。理由は基地内にあると葬祭他、親族の集まりや管理に不便であることが挙げられる。しかし、基地内にあ

図１-18(b)　暗川入り口

図１-18(c)　暗川水の神を拝む区長

図１-18(d)　暗川の水の神

図1-19 (a)　カビンギガー（イーガー）説明立て看板

図 1 -19(b)　カビンギガー(祭祀対象の石には「イイ河　水の神」と刻印されている)

図 1 -20(a)　ウカーの立て看板

図 1 -20(b)　ウカー（ウ河水の神と刻印された祭祀対象石）

図 1 -21(a)　メーチンシの立て看板

図 1 -21(b)　メーチンシの祭祀対象

図１-22(a)　クミンドーの立て看板

図１-22(b)　クミンドーの祭祀対象

図１-23(a)　ウガンヒラーの立て看板

図１-23(b)　ウガンヒラーの祭祀対象

図１-24(a)　タシーモーの立て看板

図１-24(b)　タシーモーの祭祀対象全景

図１-25　基地内の門中墓（米軍に墓地であることを示すため十字架を刻印）

図１-26　フェンス越しに見える基地内の墓地

るような伝統的な大型の門中墓は、祖先観念に加え経済面で、基地外には簡単に新設、移転はできない。結果、門中墓から分岐して、「家墓」を基地の外に創設する傾向も見られる。墓制の変化も基地と関係せざるを得ないのが、基地周辺村落の墓制問題でもある。

以上、強制移転村である読谷村楚辺地区の元聖地についての事例について記述した。

筆者は、旧字楚辺の拝所・墓地への調査は一九九八年以来、三度目になる。基地内の拝所の整備は、年次をへて整備が進んでいる。かつては香炉が置かれているのみの聖地もあったが、今回の巡礼した拝所にはすべて英語・日本語による簡易な拝所説明を記した立て看板が設置されていた。また、一部、祠も新設され拝所のコンクリート整備も進んでいた。

楚辺地区の場合、こうした基地内にある拝所の整備管理、ムラ行事は楚辺自治区長のもと、楚辺公民館役職・執行部が行っている。楚辺には、旧字民による郷友会はなく、楚辺公民館・自治会が新旧住民の自治の中心である。強制移転以前の〈フルスビ〉古楚辺の出生地メンバーや屋号による旧集落を中心とした組織を構成していないのが、楚辺の特徴でもあり、後に述べる北谷町の郷友会による聖地・管理と対比的である。その差異は戦後、旧楚辺字民は強制移転地へ集団で隣接する土地へ移動し、基地内の聖地は、合祀されることなくそのまま存在してきたこと、基地内に黙認耕作地があり農耕ゲートより拝みに回れることとも関係すると思う。

《注》

（1）『平和の炎』vol.10、二八頁他、『軍政資料一九四五～一九五〇』には上陸時の楚辺周辺の状況が記述されている。（図1―1ⓐ）および（図1―1ⓑ）は『平和の炎』vol.10からの転載である。

（2）楚辺在住、上地栄基氏（八二才）によれば、自己が避難していた喜名の防空壕では、「自分を抱えていたオジーが手榴弾により即死した」と証言している（二〇〇三年七月聞き取り）。

（3）チビチリガマの戦争証言については、遺族会発行パンフレット「チビチリガマ世代を結ぶ平和の像」に詳しい。また、筆者も二〇〇二年六月、チビチリガマからの生存者である、上原進助氏（現在牧師・ハワイ州在住）へインタビューを実施した。また、戦争証言と歴史教科書の問題を日本文化人類学会（二〇〇八年五月・於京都大学）で「沖縄戦・強制集団死（集団自決）の社会人類学的考察」と題して発表した。その他、『チビチリガマの集団自決』（下嶋哲朗、二〇〇〇年）に戦争証言が記載されている。

（4）「琉球弧を記録する会」は読谷村在住の比嘉豊光・村山友江氏他により一九九六年に結成され、目的は〈しまくとぅば〉による戦争証言と祭祀・民俗の記録である。

（5）なお、同潜水艦は現在、アメリカ合衆国ハワイ州パールハーバーにある潜水艦博物館施設内に「パールハーバーのリベンジ」のシンボルとして繋留され一般公開されている。

（6）古楚辺の記述は聞き取り調査を基本とするが、古楚辺の記憶は話者により記憶の異なるため、『楚辺誌民俗編』三九—一三九頁の記述を中心にまとめた。一部不明な点は、補足調査の資料を参考とした。

（7）本書での楚辺の基地内の伝承や行事については『楚辺民俗編』第三「章楚辺と米軍基地」、および第七章「年中行事」を参照した。

（8）上地哲区長は次のように述べている。「移設により、トリイ基地内での区民の農耕ができなくなっては困るが、以前より改善されている。区の移設反対決議は七月に棚上げしていたが、国が約束を果たさない場合、受け入れ撤回もありえる」琉球新報二〇〇〇年、八月一九日より。このように、基地周辺に位置する公民館を中心とした字行政は、その自治体規模の大小に関わらず、防衛局あるいは日本政府と直接の交渉にのぞまなければならない沖縄の地方自治の現実がある。

第二章　基地返還地の聖地の再生と共同体

一　宇座の移動及び返還後の帰村

読谷村の戦後の集落移動については前章で述べたので、本章で扱う宇座《うざ》地区の集落移動の説明から始めたい。

戦後、各地に分散していた宇座住民は一九四六年一一月高志保《たかしほ》に帰村する。その後、一九五二年高志保と接する長浜地番現在地に公民館を建設し多くの宇座住民は長浜地区に共住する。旧集落のほとんど（約八八％）が米軍基地用地として接収されていたためである。一九五〇年に米軍基地用地に接収された旧集落内に戦没者の民を祀るため「慰霊塔」、「招魂之碑」を建立したが、旧集落地の返還の目処がたたないため、一九六五年には現在地に「宇座守之塔」を建立し、「慰霊塔」、「招魂之碑」をここに移し合祀した。一九七四年に部分的返還、ついで一九七六年にボーローポイント射撃場が全面返還され、復帰先地公共施設整備事業（一九八一—一九八四年）により旧集落地の住宅が整備された。

また北部の残波岬周辺はホテル・ゴルフ場・イベント会場等、リゾート地域として再開発されている。これまでの経緯をやや詳しく以下に、あらためてまとめてみる。

宇座地区は、米軍の沖縄本島上陸前の一九四五年三月に重爆撃と艦砲射撃により猛攻撃を受けた。三月二九日には字民が避難していたヤーガーとよばれる自然壕が爆撃され、三一名が亡くなった。現在、同地には慰霊碑が建立されている。

宇座は読谷村の他地域と同様に一九四五年四月の米軍上陸以後、米軍基地用地としてその字全域が接収される。米軍上陸後、四月二日には宇座に残った人々は一時的に捕虜となり、その後、いったん宇座に帰ることを許されたが、四月二〇日前後には住民たちは、再度、各地収容所へと強制収容される。

その後、読谷村の他字の住民と同様に一九四六年八月、読谷村の一部地域への居住が許可され、一一月には波平・高志保地域へと帰村をはたす。

帰村したものの、以前の集落はボーローポイント飛行場（米軍施設）、その後はボーロー射撃場の建設により、旧集落へは戻ることはできず、高志保内で共生する。こうした状況下で、宇座住民は新たな生活基盤となる土地を求めて、一九五二年には、一九五〇年に居住許可が下りた長浜地番の土地に、公民館を建設する。そして、この公民館を中心とした現在の新集落での生活がはじまる（図2―1、2参照）。

新たな村落が構築されはじめる一方、かつての土地も地籍確定調査が一九四七、一九四八年に実施

図２-１　宇座公民館広場で毎年開催される宇座エイサー大会（同公民館は移転地である長浜にある．2016年の旧盆時に撮影）

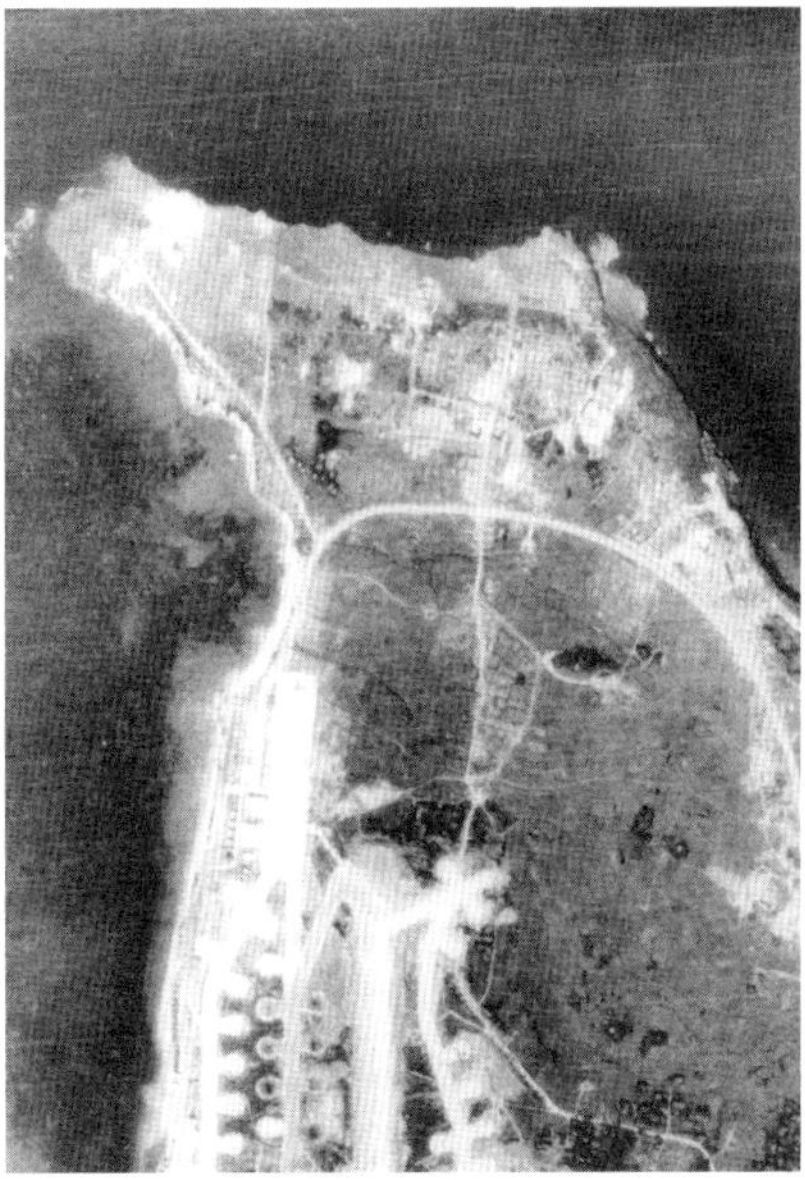

図２-２　米軍施設ボーローポイント射撃場（読谷村提供）

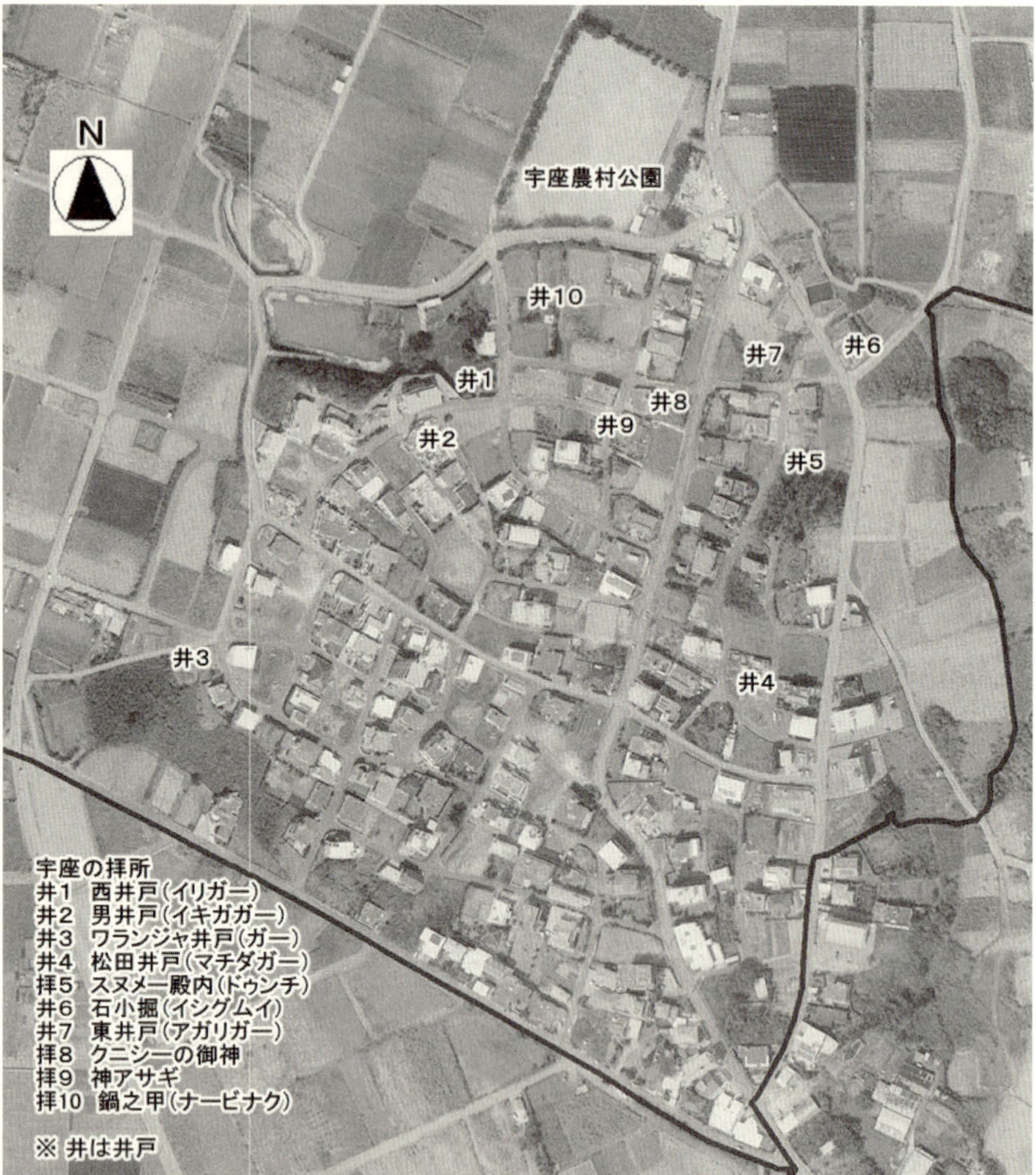

図2-3　旧宇座集落拝所位置図（読谷村提供）

され、確定された土地のうち、黙認耕作が許可された土地に関しては農耕を続ける。当時、宇座地籍の土地は約八八％が米軍基地用地として接収されており、これは日本復帰後の大規模返還まで接収されたままであった。

日本復帰後、一九七四、七六年に米軍基地用地（ボーローポイント射撃場）が返還されるに至り、宇座の米軍基地はすべて解放され、旧集落の再建がすすめられることになる。宇座復帰先地公共施設整備事業によりかつての集落が復活していき、一九八〇年代半ばから宅地化がすすめられていく。かつての農地は、村行政の土地改良事業によって整備され、新たに先進的農業地帯として生まれかわりつつある。

二　宇座の聖地の再生と継承

基地接収を強制された多くの〈シマ〉がその復元のためにまず行ってきたことは、まず旧集落の地図を作成することである。宇座の場合も例外ではない。返還以前（一九七四年）に、宇誌において旧村落地図が復元されている（『残波の里―宇座誌』宇座公民館、一九七四）。かつての家屋配置とその屋号、道路、拝所や井戸のほか、集落発祥の七家（草分け家）の由来が記述されている。さらに、精緻な復元地図は、『読谷村史第四巻資料編三―読谷の民俗上』に所収されている。(1)

宇座のみならず、強制移転村で共通する復興、再整備の重要な要素は、まず、地域自治活動の再開のための公民館建設・戦没慰霊碑の建立の他、旧集落地の字のシンボルである拝所・聖地の整備であり、それにまつわる伝承の記録である。現在、読谷村のすべての字で字誌が刊行されていないが、戦争および戦後の〈シマ〉の歴史編纂が進められている。以下には宇座のコミュニティ再生のための文化的シンボルと考えられる宇座の拝所と祭祀について記述する。

現在、宇座で拝される拝所が一三ある。拝所・井戸の位置は（図2―3）を参照。なお図2―3は、読谷村史所収資料（〈株〉パスコ二〇一二年撮影）に中田耕平氏（同村史編集室）が拝所の位置を加筆したものである。

さて、以下に記述する一三の拝所の詳細は、新城編『残波の里』（一九七四年、五―一二七頁）および、読谷村史編集委員会編『読谷村史・民俗編』下（三〜九〇頁）を参照した。

以下に、基地跡地に整備された各拝所について説明しておきたい。

＊

A　スヌメードゥンチ（図2―4参照）

スヌメードゥンチ（殿内）は、旧宇座集落の東側の北にあり、松田島といわれた地の後方にある。宇座の一三の拝所の中で、第一の拝所、即ち、セジ、シジ（霊力）高い神であると言われる。字の大きな行事とか、対外行事の場合には、宇の役員は先ず、ここに拝みに行くならわしになっている。スヌメードンチのあるところは、宇座発祥の七家の中の一戸であるクニシーが、最初に仮の住居を構えた場所であるという。クニシーは、この発祥の地を御嶽として、そこから西方一五〇メートルのところに住居をつくり新しい宇座の村づくりをした。宇座の最も古い草分け屋が聖地化された可能性がある。

B　神アサギ（図2―5参照）

宇座の神アサギは、旧部落の屋号後横目の西側、屋号瀬利小の前（南）にあって、小高く盛り上がった地形になっていた。神アサギというのは、部落の中に、特に一軒建てた神殿のことであり、祭礼の場所として、村落内に設けられたものである。それ以降にたてられたものであろう。最初は祭礼の場所としての広場だけであったが、後に四本柱の瓦葺の神殿が作られた。現在の神アサギの祠には、神石として三体の石が置かれ、火の神〈ヒヌカン〉が祀られている。かつては、旧五月と八月の稲穂の大祭には神アサギに瀬名波からノロがきて、このノロに、宇座からは、山内門中と与久田門中の神人や女神と部落の責任者も加わり、祭祀が行われていた。また村人も参加していた。この日、神への歓待、祝願の意味で東の道で部落を二つに分けての、綱引きなどが行われた。現在は行われていない。

C　クニシーの御神〈ウカミ〉（図2―6参照）

宇座の発祥に関わるクニシーの屋敷跡で、クニシーは、ここに居を構え宇座の村づくりが始まったと言われる場所である。現在、祠が整備され、字執行役員により拝みがなされている。

D　鍋之甲〈ナービナク〉（図2―7(a)(b)、図2―8(a)(b)参照）

〈ナービナク〉は「鍋之甲」と漢字があてられるが、これは、鍋やヤカンを修繕する職人である。また、鍋の修理だけではなく、鍛冶屋もかねていたと考えられる。本来、鍛冶職人は首里王府から、鑑札をもって派遣される職人であったが、宇座の場合、以前から土着した人、もしくは他地域からの

図２-４　スヌメー殿内

図２-５　神アサギ（中田耕平撮影）

図２-６　クニシーの御神（中田耕平撮影）

図２－７(a)　鍋之甲〈ナービナク〉

図２－７(b)　拝所　鍋之甲内の祭壇

図２－８(a)　鍋之甲の墓（2009年の清明祭での祭祀，中田耕平撮影）

移民か不明という。絶家になった後、ナービナクの祖先は、宇座の守り神の一つとして、屋敷と墓地は、字の拝所の中に含まれ、部落として管理し、畑は青年畑として青年が耕作していた。墓は宇座グシクの中腹にあり、清明祭も字役員で行っている。

現在も鍋之甲の屋敷が残り、位牌が祀られ、毎年、旧盆、大晦日（トゥシヌユール）には字の役員によって祖霊への礼が尽くされている。また、波平には座喜味鍋之甲墓と呼ばれる墓があり、同様に字清明祭で拝される。

E　東ノ神之屋〈アガリヌカミヌヤー〉（図2—9参照）

東崎原神之屋〈アガリサチバルカミヌヤー〉とも呼ばれる。東崎原は小字名となっている。残波岬《ざんぱ》の東部の崖際に位置する。ニライカナイに通ずると言われる拝所で、航海安全を祈願した。戦前は出征兵士のために武運長久も祈願された。公民館で管理されており、区長他、宇座公民館役員で祈願されている。

F　西ヌ神之屋〈イリヌカミヌヤー〉（図2—10参照）

西崎原神之屋〈イリサチバルカミヌヤー〉とも呼ばれる。残波岬西部に位置し、東ノ神之屋と対になる拝所。航海安全、武運長久を祈願した。両神之屋は戦前まで芝生の道（神道）でつながっていた。それも戦禍と続く米軍基地演習場使用による実弾射撃によって失われた。

G　潮吹穴〈スーフチガマ〉（図2—11参照）

残波岬に位置し、海に通ずる竪穴の洞穴で、海が荒れると空高く潮を吹き上げた。

以下は、井戸跡の基地返還後の整備状況と拝所の由来である。

＊

〈井戸跡（カー）〉の整備

Ａ　松田井戸〈マチダガー〉（図２—12参照）

集落南側にある井戸。かつて宇座は、松田と宇座に分かれており、その松田集落の井戸と伝承される井戸。

Ｂ　西井戸〈イリガー〉（図２—13参照）

宇座集落の西側に位置する井戸のためこう呼ばれる。産湯をつかう宇座の産井〈ウブガー〉でもある。そこでは出産の報告と赤子への加護を祈願した。戦禍をまぬがれた井戸であり旧来の井戸形態を残している。

Ｃ　東井戸〈アガリガー〉（図２—14参照）

宇座集落の東側に位置するためこう呼ばれる。正月の若水を汲んだ。飲料水として利用されたため、水浴や選択は厳禁であった。宇座では西井戸と並び、もっとも古い井戸の一つとされる。

Ｄ　男井戸〈イキガガー〉（図２—15参照）

畑仕事や海からの帰りに手足を洗ったり水浴した井戸である。一九七九年にその跡を掘り当て、新しくセメントで井戸を造った。

Ｅ　石小堀〈イシグムイ〉（図２—16参照）

図２-８(b)　座喜味鍋之甲の墓（2009年の清明祭の祭祀，中田耕平撮影）

図２-９　東ノ神之屋

図２-10　西ヌ神之屋（中田耕平撮影）

図２-11　潮吹穴

図２-12　松田井戸（中田耕平撮影）

図２-13　西井戸（中田耕平撮影）

図2-14　東井戸

図2-15　男井戸

図2-16　石小堀〈イシグムイ〉

図２-17(a)　宇座山内門中本家神殿

図２-17(b)　旧盆〈ウークイ〉で拝む宇座区長（2015年８月29日撮影）

図２-17(c)　同拝殿前での太鼓踊りの奉納

図２-17(d)　同拝殿までの棒術演舞の奉納

図２-18　宇座旧家（与久田家）前での太鼓踊り奉納

岩の下から清水が湧いており、その水を溜めてクムイ（溜池）をつくっている。その石囲いごとに使用方法が異なっていた。

F　ワランジャ井戸〈ガー〉

元々は現在地より下方にあったというが、現在地に上げて、新しくセメントで井戸を造り祀っている。その名称の由来は定かではないが、一八四六〜一八五四年の間、沖縄に滞在した宣教師、医師であるベッテルハイムが宇座を訪れ、ここの水を飲んだという伝説が残る。

以上、宇座の旧集落の村落レベルの聖地について説明してきた。次は、宇座集落の有力門中の伝承とその拝所について記述しておきたい。

旧宇座の古くからの門中は、七家伝承されている。宇座の発祥の七家、〈ナナチネー〉と呼ばれている。七家とは、クニシー、宇座イェーキ、ナカンダイェーキ、ムンナンシー、鍋之甲、山内、与久田家である。その内、山内と与久田が宇座の門中として現在も継承されているが、その他は絶家となっている。

クニシーは、スヌメー殿内とクニシーの御神がその住居跡として拝所となっており、その墓も宇清明祭で拝される。宇座のシマ建て（最初の建設）に関わる家であるとされている。

宇座イェーキは宇座で一番のイェーキンチュ（金持ち）であったため付けられた称号であり、本来の門中は別にあったという。宇座イェーキに関して字の拝み、拝所等はないが墓地のみ宇座と波平にあるとされているが確認できていない。ナカンダイェーキに関しては宇座イェーキ同様、金持ちであったための屋号と考えられるが、絶家後の伝承が途絶えている。

ムンナンシーも現在絶家しており伝承記録が少ない。住居跡には祠が造られ、「百名次」と石碑がある。鍋之甲は上述したとおりである。

山内門中、与久田門中は両者ともに現在も宇座で中心となる門中であり、その本家〈ムートゥヤー〉は移転先の長浜地番に位置している。

この山内門中や与久田門中への旧盆行事における拝みや、青年会により旧暦7月16日の旗スガシーの際、棒術が旧家神屋にて奉納される。本年の旧盆の拝みと旗スガシの様子は、(図2—17—(a)・(b)・(c)・(d))を参照。

二〇一五年には、盆行事の一環で八月二九日の午前中に字執行部により山内一門本家神佛殿にて宇座公民館長(区長)はじめ執行部役員とともに、拝みが行われた後、青年団により、棒術が奉納された。その後、与久田家前で、(太鼓切り)が行われた。

三　コミュニティの再生と現在

すでに述べたように旧集落が返還され、宅地化された結果、宇座行政区加入者として、新集落で生まれた世代の分家他、旧字民関係者の旧集落への帰住がすすんでいる。しかし、現在も公民館は長浜地番に位置し、公民館周辺に暮らす字民が多く、距離を隔てた新・旧二つの集落が併存する一つの自治組織として宇座が存在する。

現在、地籍、住所としての宇座に暮らす世帯、人口は二〇一世帯五三三人(二〇一三年一二月末)である。いっぽう、字(行政区)に加入している世帯、人口は四〇一世帯一一三六人(二〇一三年二月末現在)である。これまでの読谷村村勢要覧では、各字の紹介の冒頭には必ず、これらが併記されている。宇座の場合は、以下のようになる。「宇座公民館位置:読谷村字長浜一八四〇—二、字住民登録人口（世帯数一七七・人口五〇四）、行政区加入人口（世帯数三九四・人口一二五七）」（同村勢要覧二〇一〇年度版）。字住民登録数とは、基地返還地である旧宇座地籍に住民登録する人口統計である。行政区加入人口とは、宇座公民館に自治会費を納める自治会員の人口である。したがって必ずしも、その住民は旧宇座地番には居住していない。地縁とは結びつかないネットワークであるが一自治組織なのである。

二〇〇三年三月の字宇座の行政区加入人口とその住所の割合をみると、長浜五一七人、約四〇%、高志保二六八人、約二〇%、宇座二五五人、約一九%、その他二八五人、約二一%と分散している（『読谷村第2次字別構想』二八頁）。長浜、高志保地番は公民館周辺の戦後新たに構築した集落に暮らす人々であり、宇座地番は一九八〇年代以降かつての宇座集落が再整備された結果でもある。

字行事に注視すると、字清明祭、初御願、解御願といった行事はかつてシマで行われ、慰霊祭、旧盆エイサー、旗スガシー、生年祝（トゥシビスージ）、デイサービス等は現在の公民館を中心に行われている。この二重性を発生させたのは、まぎれもなく戦後の米軍基地接収と返還経緯の結果である。旧盆のウークイの次の日に行われる〈旗スガシー〉の後、午後より青年会は、寄付を頂いた施設・企業へ御礼のエイサーを演舞して回る。その後、返還地に建設された新築の家にも、エイサーを演舞して回る。エイサーや青年団活動は現公民館を中心に行われるものであるが、新・旧集落の絆の象徴として興味深い。（図2—19参照）

二〇一五年三月に読谷村の自治会および自治会活動の現状と課題をまとめた『読谷村自治会振興基

図2-19　新築家でのエイサー奉納（旧盆〈ウークイ〉で行われるが，写真の新築家は米軍施設から返還された旧宇座地区にある）

礎調査報告書』（読谷村、二〇一五年三月）が発行された。同報告書は、平成二六年度対米請求権地域振興事業の一環として読谷村内二四自治会を対象に、各公民館執行部および自治会内各種団体、住民への個別・集団ヒアリングおよびアンケート調査にもとづくものである。以下には同資料から現在の宇座について焦点をあて抜粋・記述してみよう。二〇一四年四月一日時における村全体の自治会加入人口をまとめたものが、表2—1である。自治会加入人口は、二万〇九五〇人（五一・六％）であり未加入人口は一万九六五九人（四八・四％）となっている。なお、ここでいう字別とは、属地＝居住地における自治会加入・未加入人口である。例えば、字長浜の加入人口はイコール長浜

表２―１　字別自治会加入・未加入別人口

小学校区	字	加入人口		未加入人口		計
		人	割合	人	割合	
渡慶次小	長浜	1,808	57.9	1,312	42.1	3,120
	瀬名波	928	59.6	630	40.4	1,558
	宇座	308	57.7	226	42.3	534
	儀間	276	55.0	226	45.0	502
	渡慶次	1,050	63.1	613	36.9	1,663
読谷小	上地	504	70.2	214	29.8	718
	都屋	726	50.4	715	49.6	1,441
	高志保	1,905	64.3	1,056	35.7	2,961
	波平	2,004	59.3	1,373	40.7	3,377
喜名小	親志	—	—	—	—	—
	座喜味	1,647	48.1	1,779	51.9	3,426
	喜名	2,013	57.4	1,497	42.6	3,510
古堅小	長田	—	—	—	—	—
	牧原	—	—	—	—	—
	大添	—	—	—	—	—
	伊良皆	1,116	40.7	1,626	59.3	2,742
	大木	928	42.6	1,248	57.4	2,176
	楚辺	2,813	59.3	1,931	40.7	4,744
古堅南小	比謝矼	47	45.6	56	54.4	103
	比謝	800	43.0	1,059	57.0	1,859
	大湾	733	33.8	1,438	66.2	2,171
	古堅	752	24.7	2,287	75.3	3,039
	渡具知	592	61.3	373	38.7	965
計		20,950	51.6	19,659	48.4	40,609

※自治会加入人口は2014年4月1日現在.　　資料：「役場資料」

表２―２　字宇座地区以外での自治会加入動向

小学区区	自治会	「自治会」加入者の当該字以外の字数			当該字以外の字（平成26年の加入者数が多い順）
		平成6年（字）	平成26年（字）	増減率（％）	
①小規模自治会（100世帯以下）	上地	2	5	150.0	座喜味, 古堅, 渡慶次, 高志保, 波平
	長田	5	6	20.0	伊良皆, 大木, 比謝, 楚辺, 大湾, 古堅
	比謝矼	5	9	80.0	大湾, 古堅, 比謝, 大木, 上地, 伊良皆, 宇座, 楚辺, 座喜味
	親志	2	5	150.0	座喜味, 喜名, 宇座, 儀間, 大木
	牧原	5	7	40.0	比謝, 伊良皆, 大木, 古堅, 大湾, 楚辺, 波平
②中規模自治会-1（100～300世帯）	比謝	5	6	20.0	大木, 伊良皆, 大湾, 古堅, 楚辺, 座喜味
	大湾	6	11	83.3	比謝, 古堅, 大木, 比謝矼, 伊良皆, 渡具知, 長浜, 波平, 渡慶次, 座喜味, 喜名
	都屋	7	9	28.6	座喜味, 楚辺, 波平, 比謝, 長浜, 高志保, 大湾, 古堅, 大木
	大添	3	9	200.0	伊良皆, 座喜味, 高志保, 都屋, 波平, 大湾, 瀬名波, 大木, 宇座
	古堅	7	7	0.0	大湾, 大木, 伊良皆, 楚辺, 長浜, 渡具知, 座喜味
	儀間	8	16	100.0	長浜, 渡慶次, 瀬名波, 高志保, 波平, 楚辺, 宇座, 都屋, 大木, 喜名, 比謝, 大湾, 渡具知, 座喜味, 上地, 伊良皆
	伊良皆	3	10	233.3	座喜味, 大湾, 高志保, 長浜, 瀬名波, 波平, 大木, 上地, 楚辺, 古堅
	大木	5	7	40.0	伊良皆, 比謝, 楚辺, 古堅, 都屋, 高志保, 座喜味
③中規模自治会-2（300～500世帯）	渡具知	5	11	120.0	比謝, 古堅, 大湾, 大木, 喜名, 楚辺, 伊良皆, 高志保, 波平, 座喜味, 比謝矼
	瀬名波	10	12	20.0	長浜, 瀬名波, 波平, 古堅, 大湾, 高志保, 座喜味, 楚辺, 喜名, 伊良皆, 儀間, 上地
	長浜	6	12	100.0	高志保, 瀬名波, 波平, 座喜味, 伊良皆, 渡慶次, 喜名, 楚辺, 大湾, 都屋, 大木, 古堅
	宇座	11	14	27.3	長浜, 高志保, 波平, 渡慶次, 瀬名波, 楚辺, 伊良皆, 座喜味, 儀間, 喜名, 都屋, 古堅, 比謝, 大木
	渡慶次	14	13	-7.1	長浜, 瀬名波, 高志保, 波平, 儀間, 楚辺, 伊良皆, 古堅, 座喜味, 喜名, 大湾, 都屋, 比謝

小学区区	自治会	「自治会」加入者の当該字以外の字数			当該字以外の字（平成26年の加入者数が多い順）
		平成6年（字）	平成26年（字）	増減率（%）	
	高志保	9	13	44.4	波平, 長浜, 上地, 楚辺, 伊良皆, 渡慶次, 宇座, 瀬名波, 座喜味, 大湾, 古堅, 渡具知, 都屋
④大規模自治会（500世帯以上）	座喜味	6	14	133.3	喜名, 上地, 波平, 伊良皆, 古堅, 渡慶次, 楚辺, 大湾, 都屋, 高志保, 大木, 比謝矼, 比謝, 長浜
	喜名	4	11	175.0	座喜味, 伊良皆, 古堅, 波平, 楚辺, 長浜, 大木, 都屋, 高志保, 比謝, 大湾
	楚辺	7	13	85.7	都屋, 大木, 座喜味, 長浜, 波平, 比謝, 伊良皆, 古堅, 大湾, 喜名, 高志保, 瀬名波, 渡慶次
	波平	13	17	30.8	上地, 高志保, 座喜味, 喜名, 都屋, 楚辺, 古堅, 伊良皆, 大木, 比謝, 大湾, 長浜, 瀬名波, 渡慶次, 儀間, 渡具知, 宇座

※当該字以外での自治会加入動向
注１：「当該字」とは，住所表記の字のことである．
資料：「役場資料」
注２：「大添」は，住所表記の字が「楚辺」であるため，「楚辺」以外の字の数となっている．

自治会の加入人口とはならない。

宇座地区の自治会加入人口と居住地人口の関係をみてみると（表２―２）のとおりである。中規模自治会として分類されている宇座自治会加入者で宇座地籍以外の居住者数は多い順に、長浜・高志保・波平・比謝・渡慶次・瀬名波・楚辺（以下略）の順である。同報告書資料には具体的な人口数値は明記されていないが、先に記述した二〇〇三年（前出）の数値・比率と同様の傾向と予想される。また、公民館周辺地域への戦後の移動が最大の要素として考えられる。

こうした基地接収により居住地の分散した「自治体」について、いち早く注目したのは仲地博であった（一九八九、仲地）。仲地博は戦後の読谷村の事例から、

「属地的住人自治」とは異質な自治体のありかたとして「属人的住民自治」という概念を提示した。仲地は「属地主義」(字地への居住帰属)に対する「属人主義」(字への居住・地縁をこえた帰属を含む)の用語で読谷村を中心とした沖縄の住民自治・共同体のあり方について説明し、さらに沖縄の住民自治体の類型として公民館型・共同売店型・財産区型等の下位区分を設定している。「属人的住民自治」とは「住んでいる地域を単位とせず、区域を越えて出自でもって自治会が構成されている住民自治区」である。また、仲地は、米軍統治下の戦後混乱期、復興期において地域住民たちは、その生存のための共同体としての相互扶助の力が強化されていったことを指摘する。(2)

宇座自治会の運営機構は、自治会長、書記、会計、用務員および区行政委員会(三八名)である。平成二五年度の自治会費の総計は七〇八万三〇〇〇円であり、内訳は世帯割三〇%(年額六六〇〇円)、人口割二〇%(年額九六〇円)、稼働者割五〇%(五〇四〇円)の比率・額である。自治会収入には、この他、読谷村より各自治会活動の支援するための補助金が支払われている。平成二五年度の宇座自治会への補助金は「行財政運営補助金」として二三四万二〇七四円、コミュニティ助成金として一九万二〇〇〇円が助成された。この他、読谷村では、自治会所有の字有地が基地内に存在する場合は、軍用地料が自治会収入となる。また、基地返還にともなってゴルフ場やホテル用地として跡地が利用されている場合、その借地料が自治会に入る場合がある。前者については強制移転したままの楚辺地区等がその典型である。

二〇一六年八月に実施した宇座自治会長(山内氏)へのインタビューの中で次のような回答があっ

た。「ウマリジマには畑が多いが、その九〇％は宇座の人間が所有している。残波岬にあるホテルやゴルフ場は、そこに土地をもつ人たちが『残波地主会』という組織を結成してホテルへ貸している。また、ゴルフ場の場合は一坪あたり年間六〇〇円で貸している。以前の軍用地だと、年間一八〇〇円ほどであった。サトウキビ耕作した場合、約三〇〇坪で約一〇万円の収益となるが、肥料代金等を差し引くと、やはり土地を貸したほうが収益があがる」。宇座には、現在、軍用地はない。かつて、基地接収されていた一九七三度の、字共有地の軍用地料は、七五万四〇〇〇円であり公民館（自治会）の歳入となっていた。

宇座自治会内の各種団体としては、老人会・婦人会・青年会・子供育成会・芸能保存会の五団体が登録されている。年間活動内容としては、学事奨励会・区民運動会・旧盆エイサー・敬老慰安会・生年合同祝があげられている。また、祭祀等の項目には清明祭・慰霊祭・解御願・初御願があげられているが、さらに本章の第二節で述べた、山内・与久田門中への旗スガシー他の公民館執行部による文化継承の一環としての祭祀行事が加えられる。

公民館年中行事としては、平成一三年度（二〇〇一）のものであるが、（表2―3）の通りである。自治会の今後の有り方について宇座地区の二〇一五年度のヒアリング結果の主なものを列記すると次の通りである。

1　子供会には、伝統芸能の継承として「棒術」や「上り口説」は伝えていきたい。

2　婦人会は、会員数が少ないので六一歳から六五歳への年齢引き上げを検討。

表２―３　平成13年度(2001年)宇座区公民館年中行事予定表

4月	5月	6月
1．区政委員会 2．戸主会 3．宇青明祭 4．きび満産祝 5．新旧役員歓送迎会 6．国民年金(毎月徴収) 7．固定資産税第１期分徴収 8．経常費徴収 学業奨励会費徴収	1．区政委員会 2．戸主会 3．学業奨励会 4．国民年金徴収 5．経常費徴収 合同慰霊祭費徴収 赤十字社費徴収 体協費徴収(１期分)	1．区政委員会 2．戸主会 3．合同慰霊祭 4．国民年金徴収 5．村県民税第１期分徴収 6．経常費徴収 体協費徴収(２期分)
7月	**8月**	**9月**
1．区政委員会 2．戸主会 3．区民運動会 4．固定資産税第２期分 5．国保第１期分徴収 経常費徴収 社協費徴収 旧盆エイサー祭り会費徴収 6．体協費徴収(３期分) 第１期監査	1．区政委員会 2．戸主会 3．村県民税第２期分 4．国保税第２期分徴収 5．経常費徴収 計量慰安会費徴収	1．区政委員会 2．戸主会 3．敬老慰安会 4．旧盆行事，エイサー 5．国保税第３期分徴収 経常費徴収 赤い羽根募金 複十字シール募金
10月	**11月**	**12月**
1．区政委員会 2．戸主会 3．村県民税第３期徴収 4．経常費徴収 産業視察費徴収 5．第２期監査 6．宇座区産業視察	1．区政委員会 2．戸主会 3．宇座区技能研修 4．国保税第４期分徴収 5．経常費徴収 歳末たすけあい募金	1．区政委員会 2．戸主会 3．経常費徴収 生年合同祝い会費徴収 13才祝お年玉 4．大晦日（鍋之甲） 5．固定資産税第３期分 国保税第５期分徴収 6．解析願

1月	2月	3月
1．区政委員会 2．戸主会 3．初御願 4．生年合同祝い 5．村県民税第4期分 国保税第6期分徴収 6．経常費徴収 7．第3期監査	1．区政委員会 2．戸主会 3．役員選挙 4．固定資産税第4期徴収 5．経常費徴収 緑の募金徴収 振興会々費徴収 ウバギー第徴収（新生児）	1．区政委員会 2．国民年金徴収 3．戸主会 4．振興会 5．経常費徴収 6．第4期監査及事務引継ぎ （3月31日）

3　年齢に応じた役割分担を行う「会」（若妻会等）があってもいい。

4　今後は、若い子育て世代の手助けや相談ができるような公民館・自治会にしたい。

5　成人については、二〇代後半から五〇代世代が活動する場となる「会」がない。

6　地縁団体として法人化に向けた取り組みと公民館建設が大きな課題。

7　公民館建て替えについては、五年後を目途に準備委員会を立ち上げた。

8　現時点では、居住地の分散化による自治会活動への影響はない。

9　ただし、自治会の範囲が設定できず、自治会運営や加入者促進への難しさがある。

10　宇座という名称（地名）を残しつつ、行政区改善が必要。

11　自治会費の徴収については、会員の高齢化が進んでいることから、「稼働者」から抜ける人もでてくる。自治会運営のための財源の確保が今後は厳しくなる。

上記回答のうち、6から10の内容は、戦後の基地接収による移転に関係する問題であり、基地返還後も生まれジマと公民館活動の苦悩・葛藤・克服にむけた住民の意志表示でもある。

年代が相前後するが、二〇〇三年の『読谷村第二次字別構想』（読谷村、二〇〇三年）より、比較のために同様の項目についてみてみよう。まず、一九九五年に策定された第一次字別構想の総括としては、次のような項目が挙げられている。「生まりジマの緑化・花植え・環境づくり」について「第一次構想にみられた意識的な事業はみられなかったが、スヌメー殿内等の管理は字で継続的に行われており、民俗資料としての維持管理は行き届いている。生まれジマといっても区加入者のほとんどが居住する公民館周辺地区とは離れており、コミュニティづくりと重ねた施設が必要である。集会所の設置、児童公園、児童図書館等、コミュニティ施設の要望でもあり、この観点から再検討し継続する」。以上の項目は、返還地である旧集落の文化施設・集会所等の整備が第一次構想目標として未達成であることを述べている。第二次字別構想では、同じく「生まれジマ（旧集落）の環境整備」の項目に以下の記述がみられる。

「宇座の生まれジマは、復帰先地公共施設整備事業により旧集落形態を保って復元されてきた。スヌメー殿内、クニシー御神、ナービナク等の拝所やアガリガー、イリガー等のカー（井戸）がよく残されている。これらの配置は長い間かって自然条件に適合してきた成果であり、この地の環境をよく表している。この基本形態に則って、防風機能を持つホーグ林、拝所等の在来樹種による森づくり、アガリガーの修復、小公園の整備、緑化と花植え等により自然になじんだ『生まれジマ』の環境づくりを進める。なお、戦後の軍用地接収により区加入者のほとんどが、現在の公民館周辺に居住してお り、『生まれジマ』と離れているため、連絡事務所等の集会施設を設置し、コミュニティづくりを 進めるものとする」。なお字別構想の懇談会においてはつぎのような意見がみられた。

（1）旧集落整備について

・生まれジマ（旧集落）に集会所・連絡事務所を設置してほしい。

・ヌメー殿内の東側の緑地整備及び児童公園を設置してほしい。

・公民館の建設にあたっては、生まれジマ（旧集落）への移転等も将来は検討が必要だと思う。

（2）その他について

（字別構想で）古島、旧部落、集落などの用語を統一してもらいたい（「生まりジマ」で統一）。

さて以上の宇座公民館・住民の意見をまとめると、「生まりジマ」の拝所・井戸そのものの保存・整備は平成年間になり維持してきたが、その周辺の環境整備がまだできていない。また、児童図書館・公園等の施設設置が遅滞している。なによりも、現公民館（長浜地区に立地）と離れて暮らす旧集落への居住者との二重自治区の統合とその円滑な運営のためにも「生まりジマ」での新たな集会所が要望されている。また、将来的には、公民館そのものの設置場所が議論されることになるであろう。いずれの意見・要望とも、基地接収により強制移転した住民、と基地返還地へ帰村した住民の併存するゆがんだ構造をもつ自治行政の課題と要求が明示されているのである。

宇座地区の過去と現在の課題は、要するにひとたび、戦争災害・基地接収という人的・社会的災害によりコミュニティが破壊されると、そのコミュニティの復興・再生への道のりは、基地返還により終焉するのではなく、今後も多くの課題が長期に及ぶことを明示している。

*

―「戦場のムラ」の聖地再生―

本章では、まで沖縄県中頭郡読谷村宇座の聖地について記述してきた。その歴史は、基地接収・返還にゆれた共同体の歴史でもある。宇座の字誌である『残波の里「宇座誌」』（新城編、一九七四年、五八―六〇頁）には次のような記述がある。戦後、宇座集落の八八％を軍用地に接収された苦悩の一断面である。「所有権が認定された時から黙認耕作として農耕を続けてきた。ところが、残波岬における米軍の高射砲の演習や、ジェット機での実弾射撃演習は農耕を続けながらも生命の危険すら感じさせるもので、特にジェット機からの演習では岬に壊れた戦車やトラック等が標的に使われ、ボーロー飛行場から急降下し、宇座の農耕地では耕作者の頭上から通過、標的めがけて投下される爆弾はものすごい爆音と振動であり、四キロ離れた高志保地域まで響き窓ガラスが割れる程ひどかった」。その後、この黙認耕作地は一九六二年に全面的立ち退き命令が米国民政府より下る。また、一九五八年に読谷村瀬名波にナイキミサイル基地が一九六〇年には長浜にホークミサイル基地が建設され、残波岬がミサイル発射場となった。

一九五九年から一九七〇年までの一〇ヵ年におよぶミサイル発射演習時には、宇座の農耕地は全面立ち入り禁止となりキビ収穫に度々、支障をきたした。またミサイルの固形燃料の落下事故等も生じ

図２-20　残波に設置されたミサイル発射基地（読谷村提供）

た。一九四五年四月一日の米軍上陸前に、集中的に空爆を受け、その後の戦後においてもホークミサイル（中距離地対空ミサイル）やナイキミサイル（高高度迎撃用地対空ミサイル）の演習下にあった一農村の戦後の風景は、さながら「戦場のムラ」とも呼ばれた。

一九七六年のボーローポイント飛行場の返還後も新旧の集落自治の複雑性・二重性とその再生への道のりについては、本章で述べたとおりである。

「人間性豊かな環境・文化ムラづくり」をかかげ、読谷飛行場他の返還および軍事演習事故への抗議として、米国政府大統領・日本国首相へ直接、直訴を提出するなど基地のないムラづくりを実践してきた宇座出身・山内徳信氏は、次のように述べている。

「基地は戦争を前提にしてできたものであり、戦争は人間を殺戮し、一切の文化・文物を破壊しつくす人間の最も愚かな行為である。これに対し、文化は人類の諸活動の開花した現象であり、人類の存続、人間存在のうるわしい平和な姿である。要するに基地は戦争の構造であり、文化は平和の構造である」（山内徳信、二〇〇一年、一一九頁）(3)。

《注》

（1）以下、宇座集落の概略史の拝所・年中行事については、『残波の里―宇座誌』宇座公民館編、一九七四年（一―三九一頁）に詳しいので、本章の記述では適宜参照した。また、『読谷村史第四巻資料編三―読谷の民俗　上』中の宇座に関する項目、特に二五一―一三四頁の記述を主に参照している。

（2）仲地博、一九八九年「属人的住民自治組織の一考察―沖縄県読谷村の事例」和田英夫先生古稀記念論文集編集委員会『裁判と地方自治』敬文堂、二〇三―二〇八頁を参照した。この「属人」「属地」の用語は、行政用語として定着しているが、現在では現住所と自治会加入の差異は、基地建設による移動者のみではなく本土からの移転者も含めて児童の課外活動等の情報・行政サービスの関係で字加入が異なる事例も生じている。

（3）山内徳信、一九九八年『叫び訴える続ける基地沖縄　読谷二四年―村民ぐるみの闘い』那覇出版社からの引用である。この他、読谷村の基地問題と村政について同氏の著作は二〇〇一年『憲法を実践する村―沖縄・読谷村長奮闘記―』明石書店、二〇一三年『民衆の闘い「巨像」を倒す―沖縄・読谷飛行場返還物語　弱者が勝つ戦略・戦術』創史社他がある。なお山内徳信氏は読谷村宇座の出身である。

第三章　基地の中の町――北谷の聖地と郷友会

一　北谷町と基地の歴史

北谷町は、「基地の中の北谷」と町勢要覧内に記載されるほど、今なお町内面積の約五二％を米軍施設に接収されたままの地域である。三章では、キャンプ瑞慶覧《ずけらん》基地内にある旧村落聖地や合祀所、キャンプ桑江《くわえ》基地の一部返還地に整備されている「伊平《いへい》」地区の聖地およびキャンプ桑江基地内にある合祀所、嘉手納基地に消えたムラ―下勢頭―について記述する。一九五四年以降に米軍施設から解放され帰村したものの、その後、嘉手納空軍基地からの軍用機離発着による爆音問題に悩まされ帰村世帯の約半数以上の移転を余儀なくされた「旧字砂辺《すなべ》地区」の聖地について現状を記述する。

沖縄本島中部地域は、現在、嘉手納基地・キャンプ瑞慶覧、キャンプ桑江、陸軍貯油施設等の広大な米軍基地・施設に占有されたままである。北谷町は、観光案内等では、ビーチ、ショッピングモール、若者向けのリゾートタウンのイメージが強い。これは国道五八号を挟んだ、西海岸（ハンビー・

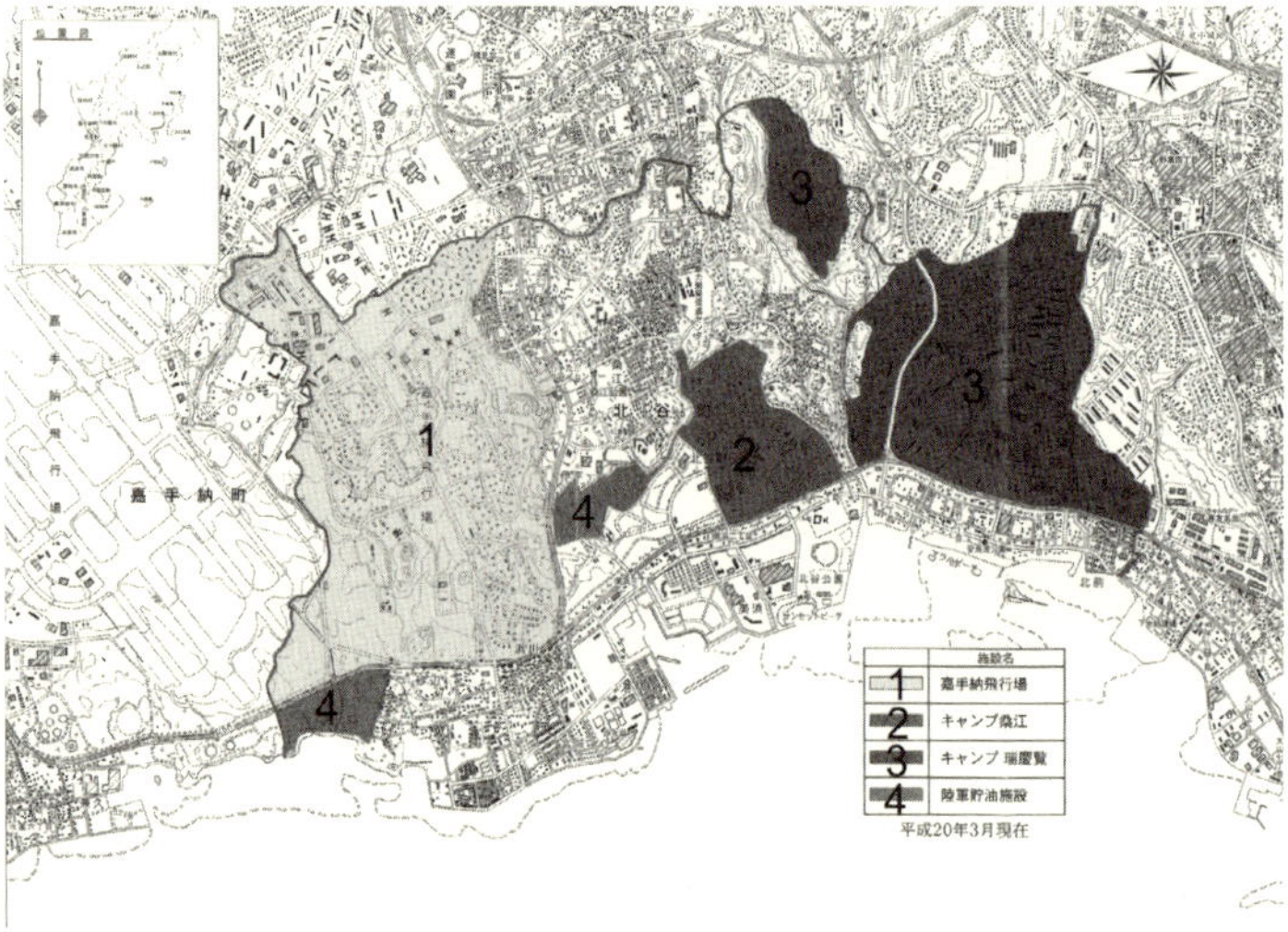

図３－１　北谷町米軍基地分布図（『基地と北谷町』2003年，北谷町より転載，一部基地名等の記号を筆者加筆）

美浜地区）一帯の新興開発地区であり、戦後、長期には、米軍施設として利用されなかった地域、埋立地・整備開発を中心とした北谷町の正の側面である。一方で、今なお、北谷町は「基地の中の北谷」といわれる負の側面も持ち合わせている。北谷町の総面積一三・七八㎢のうち、嘉手納飛行場、キャンプ桑江、キャンプ瑞慶覧、陸軍貯油施設の占める面積は、七・二九㎢であり、町面積の五二・九％を米軍施設が占有している(1)。

ここに、戦後の北谷町と米軍施設の歴史がある。

旧北谷村から戦後の北谷町への移行の概略を記述しておこう(2)。

沖縄戦以前は、現在の北谷町域と嘉手納町とあわせた地域が「北谷村」であり、二三集落によって構成されていた。近世以前に成立していた〈ムラ〉古集落（本字）が八集落あり、近世以降に那覇、首里からの開拓民により形成された〈ヤードゥイ〉（屋取）の一五集落である。前者の集落名は、北谷・玉代勢《たまよせ》・伝道《でんどう》・桑江《くわえ》・伊礼《いれい》・平安山《へんざん》・浜川《はまかわ》・砂辺《すなべ》である。後者の開拓集落名は、北谷ヌ前屋取・石平屋取・仲山屋取・屋宜屋取・桑江ヌ前屋取・桑江ヌ中屋取・桑江ヌ後屋取・謝苅屋取・崎門屋取・桃原屋取・平安山ヌ上屋取・喜友名小屋取・砂辺ヌ前屋取・上勢頭屋取・下勢頭屋取であった。

沖縄戦以前、北谷一帯は、水源に恵まれた農業地帯であった。特に屋取集落は、開拓民の作り上げた集落であるから、拝所は開発初期に設置したものが多い。沖縄戦直後は北谷町域の九〇％以上を米軍に接収され、多くの住民は、北谷町域外の地に移住せざるを得なかった。また、戦後の暫時に返還された土地は極めて狭小であり、そこに他所から流入した住民との共生により住民自治は存続してきた。現在の一一行政区は、この新旧住民の居住地域により区分されたものでる。

沖縄戦後の住民移動と地区の解放を簡単に概要をまとめておく(3)。

一九四五年、村全体は米軍の占領地となり、北谷地区は立ち入り禁止となる。当時、役場は隣接する越来村《ごえく》（現沖縄市）嘉間良に仮設された。その後、桃原地区の一部返還を皮切りに嘉手納、謝苅と居住地域が拡大し村民が帰村した。しかし村の中心部が米軍基地に占有され、さらに嘉手納飛行場の拡張により北谷村は南北に分断され、嘉手納村が分村した。

一九五四年以降、砂辺地区ほかが暫時、返還され、さらに栄口区、桑江区が誕生し、一九七〇年には嘉手納基地の一部が解放され一九七三年に国道五八号と沖縄市を結ぶ県道二三号線が開通した。また西海岸に宮城地区が誕生し一九八〇年四月、一〇行政区により町制度を施行した。一九九八年には町役場を桑江区内に新設する。現在、さらに美浜区を加えて一一行政区として町政が施行されている。

戦前、戦後の字の合併、基地接収による分離統合、行政区分の統廃合は、北谷町の地域振興・計画に大きな阻害要因になってきた。北谷町は沖縄戦の米軍上陸地点となり米軍の占有地が多く、一部、返還地においても地形や集落景観が大きく変わってしまっている。

二〇一四年時点での各行政区自治会の人口数は以下の通りである。

上勢（四一八四人）、桑江（三三一八人）謝苅（二三二四人）、北前（二六六八人）、宮城（四二五二人）、桃原（一九六五人）、栄口（二七七七人）、北玉（一一〇三人）、宇地原（一二二四人）、砂辺（二八三三人）、美浜（一八八六人）、である。

筆者は、読谷に調査に行く途中、国道五八号沿いに見えてくる、北谷町役場周辺の米軍基地フェンス越しに、この中にどれだけの拝所や御嶽等の聖地が、埋もれているのかいつも気になっていた。基地周辺の拝所や火の神などを撮影していたが、調査にはいくつかの困難がつきまとった。まず、第一は、基地の中の聖地を調査する機会は、個人的には非常に限られていること。第二は、北谷町の聖地は、基地建設とその後の都市整備により、合祀・移動していて、その伝承者が、旧字（集落）に居住していない場合が多く、その聞き取り調査が極めて限られていた。地域によっては、のちに述べる基地接収地としての故郷を離れた家族やその子孫で構成された「郷友会」のみの場合もあり、インタビユー調査の範囲は広範におよび、また、旧集落の聖地を記憶する人々も高齢者に限定されていたことが多い。

何よりも拝所の場所すら不明である状態が続いた。そうした調査上の障害を感じていたころ、北谷町教育委員会により実施された文化財調査報告の結果である『北谷町の地名』（二〇〇六年）、『北谷町の拝所』（一九九五年）の存在を知った。これにもとづき、北谷町基地内と一部返還地での調査がある程度可能となった。また、毎年旧暦九月一五日に、キャンプ瑞慶覧内の合祀所で執行されている北谷長老祭に参加したり、各旧字住民を元に組織された各郷友会の年中行事に参加しながら、聖地や拝みの場所や内容を聞き取りしながら、基地に接収された沖縄の戦後の聖地と信仰のありようを多少なりとも理解することができた。また、微力ながらその変遷を記録することもできた。

まず、キャンプ瑞慶覧内の拝所およびその周辺にある聖地の問題を考えてみたい。

二　キャンプ瑞慶覧内の聖地

キャンプ瑞慶覧は北谷の南部に位置する海兵隊基地であり、在沖縄米海兵隊基地司令部である。この基地内には、聖地が存在する二つの場所がある。一つは北谷城跡地でありグスク跡として北谷町により発掘・保全されてきたが、グスクそのものは全体が基地内にある。このグスクの城下集落であった旧北谷・伝道・玉代勢集落の重要な聖地がグスクの杜にある。

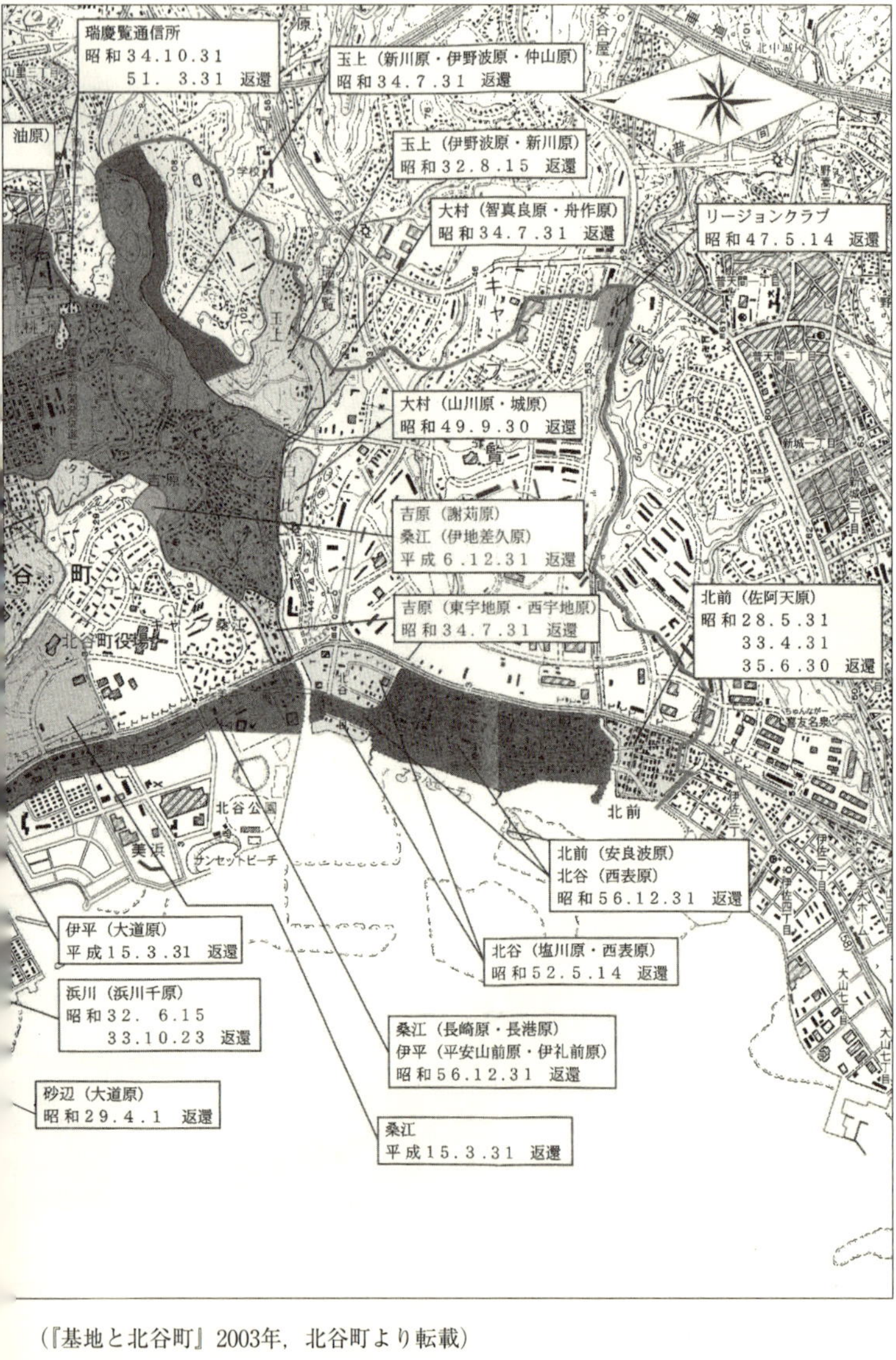

（『基地と北谷町』2003年，北谷町より転載）

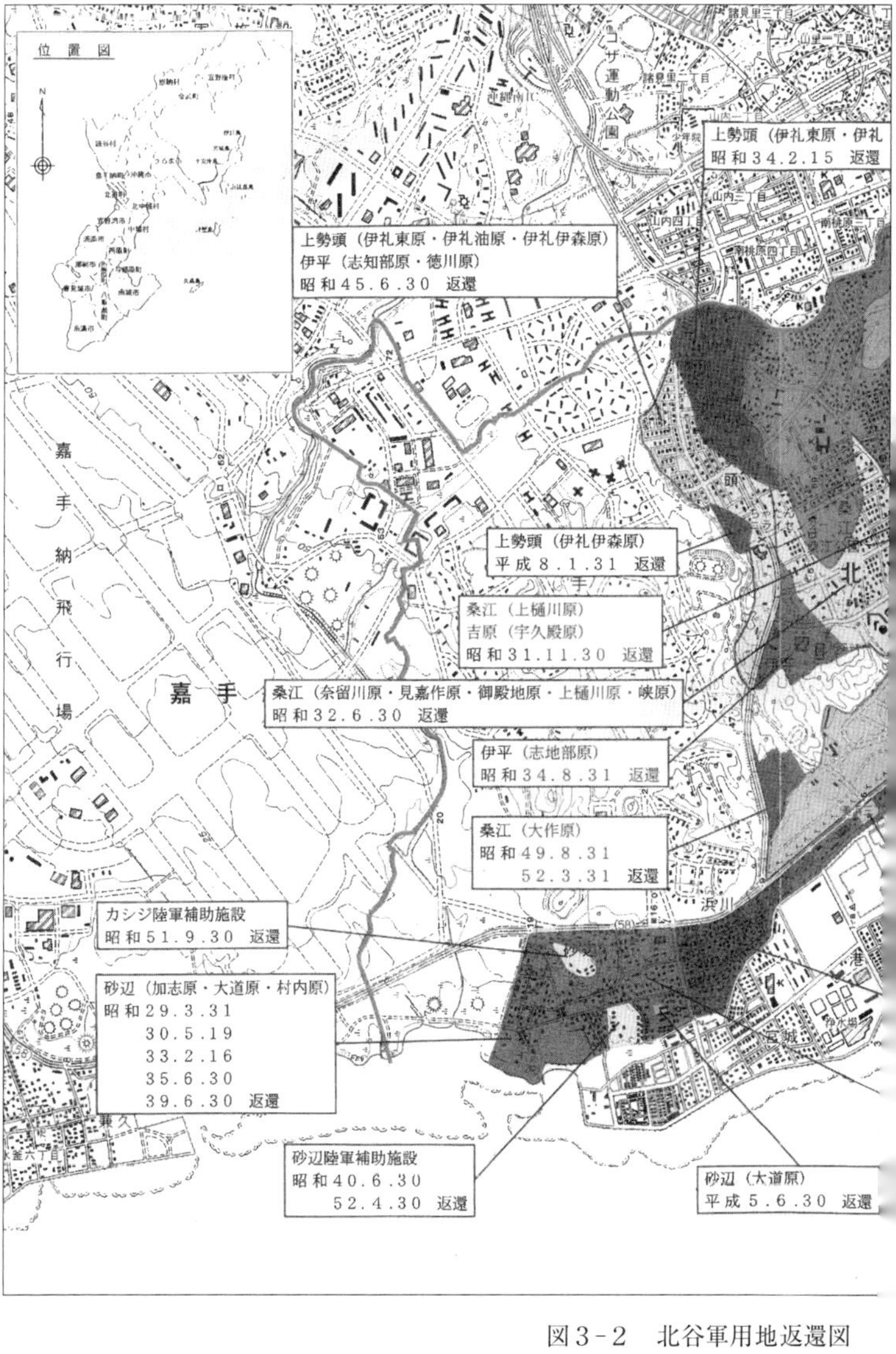

図3－2　北谷軍用地返還図

また、同基地内には長老山と呼ばれる小高い丘がある。そこには、北谷出身で沖縄に臨済宗を広めた長谷長老と称される僧侶の墓があり、戦前より人々に敬われていた。この墓地の脇に旧北谷・伝道・玉代勢三ヶ字の井戸の神ほかの聖地が合祀されている。以下では、これらの聖地について述べておきたい。

(1) 北谷城（北谷グスク）

北谷城跡は、首里城跡・今帰仁城跡・糸数城跡・南山城跡に次ぐ規模の城跡として一九八三年度から考古学的な調査が進められてきた。この城の南側に旧北谷・玉代勢・伝道集落が位置していたが、戦後は米軍基地内（キャンプ瑞慶覧）に接収されたままである。グスクの位置する杜には、戦前より、「東《あが》ヒリ御嶽《うたき》」、「西《いり》御嶽」、「殿」、「火の神」の四つの拝所があった。これらの拝所に若干の説明を加えておこう。[4]

・**「東り御嶽」**（図3―4参照）

戦後、基地内の長老山に祀られたが、一九九三年にグスク内の元位置に拝所が再建された。北谷城の東側にイベ石が位置し、稲の収穫を感謝する「ウマチー」等で北谷ノロと旧字民により拝まれてきた。現在も、北谷ノロ家の家人と旧字北谷郷友会により五月ウマチー、六月ウマチーの際に祈願が行われている。

・**「西御嶽」**（図3―5）

同じく、一九九三年、北谷グスク西端丘陵部に拝所が再建された。この御嶽には、一三個の香炉が

図3-3　キャンプ瑞慶覧内にある北谷城跡（1990年代撮影・1997年『北谷城』北谷町教育委員会資料表紙より転載）

あり、その香炉に因みこの御嶽は「十三神」ともよばれている。一三個の香炉は北谷ノロ殿継承家では、十二支とそれを一つに結ぶ火の神であるとされている。戦前は、西御嶽への出入りはヌール（ノロ）だけが許され、一般女性や男子禁制の場であった。現在、この御嶽へは、五月ウマチー、六月ウマチーの際に、ノロ殿内の家人と郷友会有志による拝みが行われている。

・**「殿」**（図3―6参照）

戦後、長老山に合祀されていたが、一九九三年に、北谷グスクの三の郭南西側に再建された。『琉球国由来記』にある記述より、かつて北谷城内之殿で執行されていた稲穂祭・収穫祭の際に北谷ノロが祭祀を行っていた場所と推測されている（北谷の拝所、九四頁より）。

・**「グスク火の神」**

北谷グスク西端丘陵部、西御嶽南側ふもとに位置する。伝承では、西御嶽に入る前に拝む場所であった。現在、五・六月ウマチーの際に北谷ノロ殿内の家人と旧字北谷郷友会により拝みがなされている。

(2)　ノロの継承とノロ殿内

現在、北谷町内には、文献記録として二系統のノロの継承とノロ殿内が確認できる。北谷ノロと平安山ノロである。いずれも『琉球国由来記』（一七一三）に記載され、そのいわれについては、『北谷町史』（民俗・上、四八三〜四九四頁）にまとめられている。以下では、沖縄戦・基地接収に伴う殿内の移転と継承の途絶えについてのみ解説しておこう。

図３－４　東り御嶽（『北谷町のノロ』（1997年・北谷町教育委員会，21頁より転載）

図３－５　西御嶽（北谷町教育委員会提供写真）

図３－６　殿（同前出，22頁より転載）

・北谷ノロ（図３—７・図３—８〜10参照）

北谷ノロは、旧北谷・玉代勢・伝道を、平安山ノロは、平安山・桑江・伊礼・浜川・砂辺を管轄していた。

北谷ノロの継承は図３—７の通りである。昭和五五年（一九八〇）当時に、八三歳でノロ殿内の末吉カメさん（Ｓ３）は、同じ門中からノロ殿内に嫁いだ。Ｓ３が四〇歳頃（一九三八年）にノロの職に就いた。前任のＳ２と前々任のＳ１は北谷ノロ殿内の娘で、オバＳ１から姪Ｓ２へ継承された。Ｓ３の代では、嫁がついでいる。Ｓ２は北中城村安谷屋の家に嫁いでいたが、戦争が終わり四年目に六九歳で亡くなった。彼女は五月・六月ウマチーの時には那覇から北谷まで通い祭祀儀礼を行っていた。それ以外のノロ殿内の祭祀は、Ｓ３が代理で執り行っていた。Ｓ３は、九四年に八四歳で亡くなった。現在、ノロ祭祀儀礼は代理としてＳ４（殿内家の嫁・ユキ、82才）が執り行っている。旧字北谷の殿は、キャンプ瑞慶覧（米軍基地）にすべて接収されていたが、一九九〇年に北谷町吉原地区から、旧ハンビー飛行場跡地の造成地に移転、再建された。現在、埋め立て地に移住した末吉宅の敷地内に北谷ノロ殿内がある。[5]

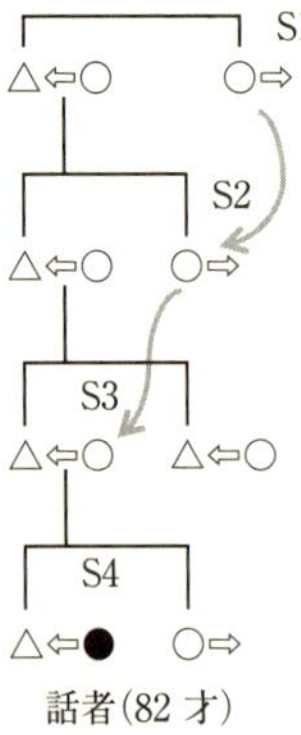

図３-７　北谷ノロの継承

※『北谷町史民俗』上：483頁、および『北谷町のノロ』：29頁を参照。

現在、同ノロ殿内で行われる主な行事は五月一四日・六月一四日のウタカビ、五月・六月ウマチー等である。行事は代理ノロと旧字北谷郷友会役員と有志で行われ

図３-８　ノロ殿内の祭壇と火の神

図３-９　北谷ノロ殿

図３-10　〈マタジ〉（湧き水の神）

る。

この移転先のノロ殿内の近隣には、北谷ノロ殿内家人が中心となって再建した〈マタジ〉と呼ばれる拝所がある。この地には昔から湧き水がでるところとされ、かつての村落祭祀には、ノロが沐浴した場所との伝承がある。この、〈マタジ〉は、長年、拝所としての機能を失なっていたが、一九八七年に再建され、毎年五月四日に竜宮神として拝んでいる。

・平安山ノロ

平安山ノロの継承については、不明確な部分が多い。現在、系図資料をノロ殿内継承宅で整理中とのことであった。『北谷町のノロ』（一九九七年）では、最後のノロ殿内の継承者は、同家の娘・島袋カナであったが、戦争中に墓に避難していて艦砲射撃の直撃を受け死亡、当時、八〇代であった。そのために、それ以前のノロの継承が不明確になっているという。現在は、北谷町栄口区にある島袋家の四男宅にノロ殿内が建設された。

(3)　長老山の聖地

二〇一五年に、キャンプ瑞慶覧内で執行された北谷長老祭に参加時の調査資料を中心に以下に記述する。毎年旧暦九月一五日に北谷町役場では町長以下、各区長はじめ仏教関係者他によりキャンプ瑞慶覧内にある北谷長老祭を実施している（図3—11参照）。北谷長老および長老祭のいわれは、当日に配布された式次第資料から抜粋すると以下のようなものである。「北谷長老は沖縄に臨済宗妙心寺派を初めてもたらした僧侶。法号は南陽紹弘法禅師という。北谷間切玉寄（玉代勢）村出身で、一九歳

図3-11　北谷長老山（米施設キャンプ瑞慶覧内に位置し基地ゲートより約500メートル入ったところにある）

で日本に渡り修行し首里の建善寺の住職となる。その後、玉代勢村に隠居後、一六五二年（順治九年）一一月五日に没し、長老山（現キャンプ瑞慶覧内）に埋葬された。その後、住民たちが墓参すると病が癒えたり、害虫駆除など霊験が現れるといわれ、北谷・玉代勢・伝道では旧三月三日に豊年を祈願するようになった。長老祭は一九二二年より、旧暦九月一五日に村祭りとして行われてきた」。

二〇一五年一〇月七日の長老祭はおおむね次のような内容であった。

町役場職員・各区長他、一般参拝者を乗せたバスが二台、午後一時すぎに北谷町役場を出発し、キャンプ瑞慶覧メインゲートで立ち入り名簿のチェックを受けた後、長老山聖地に到着した。キャンプ瑞慶覧の第一ゲートより約一〇〇メートルに位置する小高い山である。午後二時より長老祭が挙行された。式典の主な内容は、臨済宗住職の読経に始まり、北谷町長の祭文奉納に続き代表焼香が行われた。焼香順序は、門徒代表、旧三ヶ字郷友会代表者、北谷町教育委員長、町老人クラブ連合会長、町青年連合会長、自治会長代表（桃原区自治会長）と続き、最後に一般参列者と続いた。式典は約一時間で終了し、参列者は約一〇〇人程度であった。北谷町の各区長も参加する祭であり、基地により移転した、あるいは基地内に存在していた旧字を統合するシンボル的な祭となっていた。行事終了後、バスに乗るまで時間があったので、長老墓に隣接し合祀された拝所を撮影した。短時間ながらも各郷友会長にインタビューした。

北谷長老山は旧玉代勢原一四番地に位置している。長老山の墓碑に向かい左側面に旧字玉代勢・伝道・北谷集落にあった拝所が地区ごとに、この山に合祀されている。玉代勢・伝道の合祀舎屋はコンクリート製で郷友会による建立で管理されている。側面には昭和五八年（一九八三）八月改修と刻印されていた。旧字北谷カーの合祀場は、その隣にあり舎屋はない。

以下には、各旧字の合祀所内にある拝所対象を写真資料とともにまとめる。なお、伝承由来については『北谷町の拝所』（一九九五年、八一―一〇三頁）を参照した。

旧集落別の拝所に解説を加えておこう。

○玉代勢集落

・**「〈あらんもー〉（新根毛）・土帝君」**（図3―14参照）

戦前、玉代勢集落南西側、長老山東側に小高い杜があり〈あらんもー〉と呼んでいた。その場所に〈トゥーティィーク〉（土帝君）が祀られていたという。『北谷町史』（第三巻民俗下四六二頁）には、「旧九・九日にはタントゥイ（種子取）にトゥーティィークー拝みを行った」と記載されている。現在、〈新根毛・土帝君〉の刻まれた石碑が安置されている

・**「ちぶ川・桶川」**（図3―15参照）

いずれも旧集落に位置した〈カー〉（川）の神である。〈チブ川〉は産湯や生まれた子供のひたいに

図３-12　同合祀所前「聖地・立ち入り禁止」の告示板

図３-13　長老山内の合祀所の舎屋

図３-14　あらんもー・土帝君

図3-15　玉代勢・桶川の神

図3-16　山洞拝所・御風水神

図3-17　村川・チン川の神

つける水撫で儀礼に使われた。桶川は〈タメーシヒージャー〉と呼ばれ集落の中心にあった。玉代勢のムラ建ての際に神が使用したカーという伝承がある。『北谷町の拝所』（八七頁）では、いずれも、北谷ノロ殿内の継承家人が正月三日と八月一一日のカーウビーに拝んでいると記述されている。

○伝道集落

・「**山洞拝所　御風水神**」（図3—16参照）

旧伝道集落の中心部に位置した洞窟を〈ヤマガマー〉（山洞）と称した。戦前は厨子《ずし》甕《がめ》が四基安置されていたという。現在、なぜ「山洞・御風水神」と刻印されているのか詳細は不明である。二月のニングヮチャーの際に拝みが行われているという。

・「**〈村川・チン川〉**」（図3—17参照）

ヤマガマー（洞窟）の前方に位置していた井戸を村川、あるいはチンガーと呼んだ。戦前、このカーはンブガーとして使用された。現在、ヤマガマーと同様に二月のニングヮチャーに拝みを行う。

・「**女井**」

戦前の伝道集落で、屋号ウフヤの西側に位置した井戸を女井〈イナグガー〉と称した。伝承によると、この女井は、北谷グスクの

図3-18　北谷カー（川・井戸）の神々

ウナジャラ（按司夫人）が洗髪や水浴に使用した井戸だったという。この女井へは、伝道のウフヤ門中から、正月三日のハチウビー、二月のニングヮチャーの際に拝みを行う。また北谷ノロ殿内からは、正月三日のハチウビー、八月一一日のカーウビーの際に拝まれる。

○字北谷のカー（井）の合祀所・前城島御風水神（図3—18参照）

この合祀所には、かつての旧字北谷集落に点在した、カンタヌ井・ウスク井・スミムン井・根神井の四つのカーと、女井（伝道集落）が祀られている。現在、これらの井戸・カーへは正月三日のハチウビー、八月一一日のカーウビの際、北谷ノロ殿内の家人による拝みが行われている。各カーの伝承を列記すると以下の通りである。（北谷町の拝所、九五—九六頁参照）。

・〈**カンタヌ井**〉

戦前の北谷集落東側の東表原にカンタヌカーと呼ばれるカーがあった。北谷村の始祖（ハダカ世）が使用したと伝えられる。

・〈**ウスク井**〉

旧北谷集落のメーヌハルに位置し、創始者たちが使ったと伝えられる。このカーの手前にあった田圃をウスクガーと称するという伝承もある。

・〈**スミムン井**〉

かつての北谷集落、屋号川ヌ端の近くに、このスミムガーはあった。この井戸は、村の女性神役や川ヌ端の家人らが、糸の泥染めに使用していたことからスミム井と呼ばれるようになった。

・〈**根神井**〉

根神井は、戦前の北谷集落、屋号大城安里と前城津嘉山の屋敷境界付近、西側に所在した。この井戸は北谷ノロをはじめ、ムラの女性神役の斎戒沐浴に使用されたと伝えられている。

・〈**女井**〉

女井はヌルシンガー（ノロ神のカー）とも呼ばれる。このカーは、かつて伝道集落の西側に所在したが、現在は北谷のカー合祀所に祀られている。

・**前城島御風水神**（図3―19参照）

現在、北谷のカー合祀所の西隣に位置して祀られているが詳細は不明である。

以上、キャンプ瑞慶覧内の長老山に存在している旧玉代勢合祀所、旧伝道合祀所、旧北谷のカー合祀所について記述した。各合祀所の管理は、旧三字の郷友会が行っているが、いずれも村落移転を余儀なくされた旧住民のネットワークである。したがって、ある郷友会員によれば現自治会組織による行事執行の対象ではなく、旧字の聖地の記憶の合祀場としての意味が年々強くなっているという。場所にまつわり祭祀されてきた信仰対象、つまり旧村落の井戸、川の神、水の神、風水の神々は、元の位置にすべてあるのではなく、唯一、基地内で拝める地に移動してきたのである。かつての村落祭祀とは無縁のものとなりつつあるのもうなずける。調査中も、いくつかの祭祀対象には焼香の痕跡が見られたが、旧村落住民によるものかは不明であったり、半ば放置されたような拝所も見受けられた（図3―20）。合祀舎屋内には、石碑の刻印が消え、祭祀対象の内容が不明であるものもある。その多くは、

図３-19　前城島・御風水神（前城島は，長老山近くの旧地名である）

図３-20　刻印不明の祭祀対象

参列者に尋ねても不明であった。

こうした、基地内に放置された祭祀対象と信仰の継承を考える時、基地内への旧字住民・一般住民の立ち入りの困難さを考慮せざるをえない。まさに、ここに「基地の中の聖地」の問題がある。基地内への正式な聖地拝礼は、町・字単位の公式的行事、あるいは郷友会執行部の行事として基地関係部署への届け出許可により立ち入るほかは米軍軍属家族のエスコートとして許可されるパスにより立ち入るほか、手段がない。目的を、個人的な拝所巡礼とするならば許可はおりにくい。つまりは、個人的な祭祀は黙認的に遂行するしか方法がないのが現状なのである。結果、かつてあった個人レベルの信仰行事は遂行が困難である。キャンプ瑞慶覧基地内にあるような基地内の信仰対象、複数の合祀施設の持つ意味と祭祀の変容、旧住民との関係性の維持は今後も注視していきたい。

三　キャンプ桑江基地周辺の聖地と移転

(1)　キャンプ桑江返還地の聖地—伊礼・桑江後・桑江

以下では、キャンプ桑江周辺の拝所について記述する。この基地周辺には伊礼・桑江後・平安山・桑江地区がある。本章ではその拝所について説明をする。

まず、写真（図3—21）は二〇〇三年に返還された整備地区伊平の様子である。正面奥が北谷町役場で、向かって右手が現在、住宅地として開発されつつある整備地区である。左手のフェンス内は、

図3-21　キャンプ桑江と軍用地返還地区伊平

キャンプ桑江基地（海兵隊基地）であるが内部に燃料タンク施設があり陸軍施設も含まれている。フェンス内に見える白い三角屋根は基地の浄水施設である。その施設裏手に、旧桑江集落の合祀所が位置している。

この地域一帯は、現在北谷町の整備事業を終え「伊平」と呼ばれる。この地域は、旧字名は北から「平安山」「伊礼」「桑江後屋取」であった。旧字民は移転し長年、米軍施設に占有された結果、旧字民は移転し旧字は消失した。返還された地名として旧伊礼と平安山を合わせた「伊平」地区と名称されている。

(2)　「伊礼の合祀所」（図3―22・23(a)・(b)参照）

旧字伊礼の戦後史を簡単に触れておく。

旧伊礼地区も基地に全面的に接収されたが、旧集落の広場であり獅子神を収めた小屋の立っていたクランモー（蔵森）と呼ばれる聖地を長年、返還要求し、一九七九年五月にようやくクランモーが返還された。すぐにクランモーの復元と旧字の伝統芸能である獅子舞の復活が始められた。旧伊礼地区全体は、戦後五八年目の二〇〇三年三月に返還されることになる返還後の土地整備、生活安全のための蔵森周辺の古井戸からは、機関銃の弾や砲弾がでたという。その後、国道とキャンプ桑江に隣接する土地の高低差の整備・都市計画により、土地一部の交換により、現在の伊平地区に元伊礼地区内に「伊礼郷友会館」と「伊礼合祀所」を建立している(6)。

長期間、米軍基地に占有された元住民の多くは、北谷町のみならず県内のあちらこちらに転居すでに定住しているため旧集落の一部が返還され、住宅地として整備されても帰村する元住民は少なく、実際、この場所に元住民で家をて建てているのは二〇一八年現在、三世帯のみであった。したがって、旧住民のネットワークには郷友会館とその活動が文化の継承に重要な役割を担ってきた。かつての集落にあった井戸や川の神々の合祀だけではなく、旧集落に伝承されていた芸能、獅子舞は伊礼の伝統的文化材であった。この獅子舞の保存も同会館で行われている。

（図3—24）は二〇一八年九月に行われた十五夜の際に披露される獅子舞の様子である(7)。

伊礼合祀拝所には、四種類の信仰対象が祀られている。四つのカー（井戸）・火の神・土帝君・殿である。殿は、かつての伊礼集落北側に位置していた。現在、クラシモーは一九八二年五月に返還され一九八四年三月に工事を終えた一画に久米島石を利用して「殿《との》」と陰刻された石碑を建立して祀る。伊礼の之殿では四ウマチー（二月・三月・五月・六月のウマチー）の際に、伊礼の村人が供へ、平安山ノロが祭祀を行なったとある（『北谷町の拝所』五九頁）。カーの合祀所説明は次の通りである。かつ

図３-22　伊礼郷友会館

図３-23(a)　伊礼合祀所（郷友会館敷地内）

図３-23(b)　伊礼合祀所の殿

ての伊礼集落には、後の井戸・蔵森井戸・蔵森南井戸・上間兼久の井戸の四つのカーがあった。

その中でも、屋号古謝の北側の後の井戸は、戦前までンブガー（産湯を取る井戸）として使用されたという。しかし、戦後の米軍による土地接収にともない、ンブガーをはじめ、伊礼集落の四つの井戸はその姿を失った。その後、基地の返還後の都市整備計画の中、郷友会館内に建立された合祀所に祀られている。なお旧伊礼の古墓で発掘された遺骨もこれらの合祀所に埋葬されている。二月のニングワチャー（豊作祈願）、九月九日の菊酒（秋の健康祈願）などの拝みが行われる。

(3)　「桑江後郷友会拝所」（図3―25(a)・(b)参照）

伊平地域の返還は二〇〇三年三月であるが、付近には空き地が多い。その片隅に「桑江後郷友会拝所」が建立されている。拝所内には「奉納　諸大名神」とのみ刻印された石碑と線香立てが一つある。横には「桑江後郷友会拝所　二〇一五年一一月建立」と記された石碑がある。

桑江後集落は現在の北谷町役場と国道五八号線の中間に位置していた。戦後、キャンプ桑江用地に全面的に接収された集落である。その後、旧桑江後の郷友会では、北谷町内の基地摂取を免れた謝苅地区に拝所を作っていたが、地主から強く移転を迫られ一九八五年に、「ナル川」の水源地近くに移転した。しかし、その地は軍用地内のため、不便であった。『桑江後拝所建写真集』（二〇一五年、桑江後郷友会）には、次のように書かれている。「軍用地のため字の年中行事のたびに、パスの申請をしなければならず、悩みの種でした。ゲートのガードマンの厳しいチェックもあり不愉快でした」と述懐されている。その後、桑江・伊平地区の区画整理内の公園に県土木業者の許可をえて、やっと安住

図3-24　十五夜での獅子舞（伊礼郷友会館の庭）

図3-25(a)　桑江後郷友会拝所

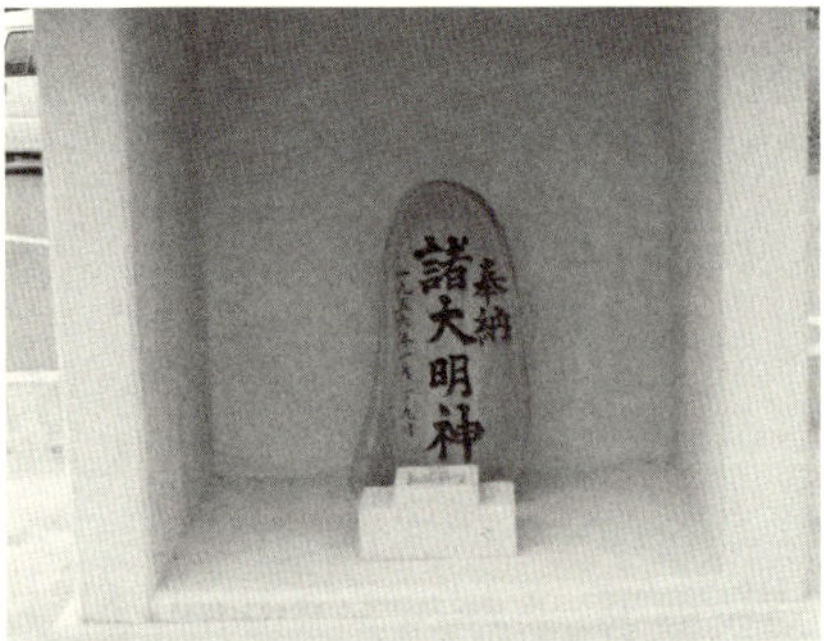

図3-25(b)　桑江拝所祭祀対象・諸大明神

された。

の「桑江後郷友会拝所」が建立された。二〇一四年一一月に郷友会員、約三〇名ほどで祝賀会が挙行された。

(4) 神々の引越し——「旧字桑江御願所・合祀所」（キャンプ桑江内）の移転

二〇一八年七月までは、「旧字桑江御願所・合祀所」は米軍基地キャンプ桑江の敷地内にあった。二〇一八年八月北谷町の桑江公園内に移転した。郷土の神々を基地内で合祀していたが、近年特に基地内への遥拝がしづらくなったことと、返還された桑江地区の公園内に合祀可能な場所が確保できたことによる。この移転の前年の二〇一七年夏に他所より伊平地区に転居してきた家族母子の子供の健康祈願と引っこしの報告の為の基地内の拝みに動向した記録と二〇一八年夏に〈ヌジファ〉（拝みの対象の魂に抜いて整える）儀礼に参加した時の様子を以下に説明しておこう。

二〇〇三年に返還された伊平地区に隣接してキャンプ桑江基地内には元々、字桑江御所があり、多数の信仰対象が合祀されていた。合祀所の写真は（図3—26・27）である。いずれも二〇一七年八月に返還地伊平地区に最近、転入した家族に同行して撮影した。合祀所の隣には、昭和一六年（一九四一）吉日とある石碑があり、この御願所と日支事変とこの地域の人物の関係が刻印されている。この合祀所の一部の神は元々この地・場所にあったものもある。拝殿の改築は、昭和六二年（一九八七）吉日、桑江青年部実行委員会七名の名前が記された石版が別途ある。

『北谷町の拝所』（六七—六八頁）に記述された合祀対象の伝承・由来を参考に以下にまとめた。

・〈ニーヌファー〉

図３-26　旧字桑江祈願所（キャンプ桑江基地内合祀所）

図３-27　同拝所（健康祈願する他所からの移転してきた母子・2017年８月）

元々、この地にあった神で、旧桑江住民によれば、日中戦争の頃、竹山御嶽の神を遷して祀ったという。また、戦前は、ムラのヤクミ（役目）と神人により、一年間の神行事を告げるハチウガミ（初拝み）が行われていた。現在は郷友会役員数名による拝みが行われている。

・**〈竹山御嶽〉**

旧桑江内に位置したガマを竹山御嶽と称した伝承がある。

・**〈トン・土帝君〉**

戦前までは、ニングヮチャー（二月一日から三日）の行事で豊作を願った。現在は、郷友会役員数名による拝みが行なわれている。

・**〈カンカーの神〉**

戦前の桑江集落、屋号山ヒヂの北側にある池の近くに祀られていた神である。カンカーと称した悪霊侵入防除儀礼を行った。現在は郷友会役員数名の拝みが行なわれているだけである。

・**〈豊年神・サーターモー〉**

現在の桑江基地内の米軍病院の裏にサーターヤーがあったため、その地域をサーターモーと呼んでいた。そこでは、豊年神・遊神が祀られ、旧八月一五日「十五夜の遊び」には、豊年感謝の歌・踊りが奉納されていた。現在は郷友会役員により祈願されている。

・**〈びじゅる〉**

旧北谷トンネルに位置していた聖地と言われるが伝承・由来は不明である。

・〈**ウブ川**〉
子供の誕生に際し、ンブミジ（産湯）をとる産川（ンブガー）は戦前の桑江集落南側に位置していた。
・〈**大荒神川**〉〈**村火神**〉詳細は不明である。

＊

さて、以下では桑江内合祀の移転にみる聖地と場所について述べてみたい。

まず、同行のできた二〇一八年に行われた〈ヌジファ〉（魂抜き）儀礼の半日について二〇一八年八月四日の様子をフィールドノートよりまとめてみた。

この日に先立ち、桑江郷友会幹部はすでに二回ほど、基地内の旧桑江合祀所の移動に先立ち七月中に基地内の合祀所の神々に移動することの報告をするため祈祷を行っている。〈前ウスリ〉「移動しますという報告」と〈魂マチネチ〉「お迎えの祈祷」。八月四日当日は、最終の重要な祈祷である〈ヌジファ〉「魂を抜く・トゥジミ（整える）」の拝み儀礼の日である。

当日、まず、午前九時半に桑江郷友会事務所に郷友会幹部が集合し、拝所へのお供え物・線香・御神酒等の準備をはじめる。その後、近くの旧桑江集落の神屋と言われる村祖先屋敷の移転先（前は吉原にあったが現在は桑江に移転）である大城宅へ移動する。この家は、首里王府系図につながる与那城門中の家と言われている。現在は、家長が入院中のため、空き屋敷となっているが、家長の三女が神棚を守っている。この神屋では、かつてのムラ行事である旧暦正月一日の拝みと二月ウマチ、ニンガチャー等の拝みが行われている。

図 3 -28(a)　旧字桑江集落神屋敷での祈祷(2018年 8 月 4 日)

図 3 -28(b)　同神屋敷祭壇

図 3 -29　旧字桑江の竜宮神

神棚には、大川按司、与那城王子、古波蔵親方の位牌と香炉がある。

この時の祈祷は桑江に住むT・K氏が神のお告げを郷友会幹部に告げながら線香を炊く。T・K氏は〈うがまー〉〈ものしりやー〉と呼ばれている、いわゆる「セジ高い」（神の知識があり神に近い）人物であるという。以下ここでは祈祷師としておく。

この村祖先への拝みが終わるとビンシー（村用・門中用）と供え物、線香を持って車で竜宮神へ移動する（一〇時三〇分頃）。

竜宮神は村のすべての神で桑江海岸沿いにある。

同様の祈祷があり、一一時過ぎに終わり、キャンプ桑江基地ゲートより、基地内の合祀所へ向かう。ゲート前で事前申請の氏名確認のため待機、合祀所には一一時半過ぎ到着。

この合祀所を改修した旧桑江青年部の人々は現在、七〇歳以上で亡くなった方もいるという。この日の参列理事の一人、伊波さん（一九五五年生）はその下級生にあたりその改修にも加わっている。図写真に見るように一年前に撮影した、合祀所の神々は業者により既に撤去・移動していた。

線香・お神酒が供えられると〈ヌジファ〉儀礼が祈祷師により始まる。

〈ヌジファ〉の意味は「神様の場所を抹消する」「魂を抜く」という。

ここの合祀書所は元々「ニーヌファ」のあった場所で、桑江一体が基地接収された後、旧桑江集落に散らばる聖地を合祀したものという。

以前は基地内でもフェンスが無く日常的に拝めていた時代もあったが、朝鮮戦争以後、沖縄の基地にはフェンスがはられ基地内に入りにくくなったという。とりわけ二〇〇一年の九・一一他のテロ以降、基地内に入るのに手間がかかり、基地に申請後二・三週間かかることもあるという。

この合祀所の拝みの後、すぐ裏手の基地内に流れている〈ナラ川〉の神にもヌジファを行う。ナラ川は、かつての旧桑江集落を東西に流れていた小川で、現在は基地内を横切る形で役場方面へ抜けている。〈ナラ川〉の神の拝み対象の石碑も既に移動していた。その掘り起こした地面のくぼみお供え物が捧げられT・K女氏の祈祷が始まった。川の神にお水を捧げ感謝を表しヌジファー儀礼が終了した。

その後、ゲートを出て、桑江公園内にある新たな合祀所へ向かう（図3―32は移転先の公園内合祀場）。ナラ川の神の祭祀対象もすでに移転していた。

この移転地は現在の桑江地区の憩いの公園内で元々、桑江に関わる竹山御嶽のあった場所という。ここでは、移転してきた神々に、本日、無事ヌジファが終わったことがT・K氏により報告され、郷友会幹部一同も線香を供える。

その後、すぐ脇にある、竹山御嶽の石碑にも同様の拝みをして終了した（午後一時）。

以上、基地内にある聖地の移転の儀礼に郷友会の人々と参加した様子をまとめた。この時に感じたことをメモ書きとしてまとめてみたい。

戦後、しばらくは米軍基地にフェンスのなかった時代は比較的容易に基地内の拝みはできていた。現在、基地内へ入るための申請理由には、このような宗教的理由も許可事項であるが、申請許可が二、

図３-30(a)　旧字桑江祈願所でのヌジファ儀礼（2018年８月４日）

図３-30(b)　同ヌジファ儀礼の供養物と線香

図 3-31(a)　ナラ川の神への祈願

図 3-31(b)　ナラ川の神（ヌジファ儀礼で魂を抜いた祭祀対象の窪みに水をかける祈祷師）

図 3-31(c)　基地内を流れるナラ川（ヌジファ儀礼の後，祭祀対象の痕跡は消滅した）

図３-32(a)　桑北郷友会合祀所（基地内から移転し北谷町桑江公園内に新設された拝所）

図３-32(b)　同拝所（新拝所で拝む祈祷師と桑江郷友会役員）

図３-33　竹山御嶽（ヌジファ儀礼の後，同拝所を拝む祈祷師と桑江郷友会役員）

三週間以上もかかるから、一般的な信仰者の単独の拝みはまず無理だろう。まして、基地内へは、車に同乗して入るわけだから、ドライバー同伴なしの高齢者の参拝は不可能である。かつての民間信仰を基地建設後も継承・保存してきた郷友会に敬意を表するし、新たな市民公園内なら、桑江の神々をいつでも誰でも拝めることは、文化の継承という意味でも、良いことだ思う。だが、ふと、基地内に残された川の神を掘り起こした跡の窪みを見た時、この場所は、皆で記憶しておかなければ永遠に民俗・文化史から消えてしまうと思った。そして、基地が全面返還される日には、この場所はどうなるのだろう。また、神々は戻るのだろうか。そんな将来の憶測はともかく、無事、神々の移転は終わった。

＊

以上、ここまでは「伊礼」「桑江後」の拝所および「桑江合祀所の移転」について記述した。近年の返還地である「伊平」整備地区には、現在、独自の自治会が構成されていないし地区公民館も存在していない。この地域に土地を購入した世帯の多くは新転入者であり、旧桑江・伊礼には地縁もなく旧字民との関係性も特にはない。今後は、この地域の人口増加に伴い元字民の祭祀対象、郷友会の祭祀行事と新住民とコミュニティとしての一体化は、この地区においては今後の課題なのだろう。

四　基地に消えた集落――下勢頭――

以下には、同じく、北谷町の上勢頭に郷友会館をもつ下勢頭の話がでるが、旧下勢頭集落は、極東一の空軍基地である嘉手納飛行場の中に消えた集落である[8]。

旧下勢頭の集落位置は、国道五八号線の砂辺の嘉手納基地第一ゲートを基地内に入り北東方向に約一キロ行ったあたりにある将校クラスハウスの近くという。筆者も二〇一八年の夏、エスコートパスで、凡その元位置まで行ってみた。戦前、そのあたりは、一三二戸の旧下勢頭の家が点在していた。現在はガジュマルの古木が残っているものの芝生が敷き詰められ、将校ハウスが立ち並び、米軍用のゴルフ場が近くに広がっている。

以下には、戦後、広大な軍事基地に消え、戦後七五年の今も、北谷町をはじめ、県下二二市町村に分して居住する旧下勢頭の人とその家族を結ぶ「下勢頭郷友会」の活動と聖地の保存活動についてまとめておく。旧下勢頭集落民の大多数は終戦間近の収容所から、居住許可のおりた一九四七年、北谷町役場の仮説された桃原地区に住み始めた。一九五〇年三月頃、下勢頭の有志により、かつての村行事「ニンガチャー」が喜友名朝徳の自宅で開催された。以後、青年会の活動場所は、転々としたが、この頃「字下勢頭会」は発足している。その後、一九五六年より「下勢頭部落会」、さらに一九七七年、「下勢頭郷友会」に改名し、評議員・役職等の組織もできあがる。長年に渡り、事務所なしで会員宅で会議が開かれていたが、嘉手納飛行場の部分返還地である、上勢頭区土地を得て、一九八一年に現在の「下勢頭郷友会館」に至っている。郷友会の入会資格は旧下勢頭の住民とその家族であるが、沖縄県内在住者に限られている。現在の会員総数は二〇〇〇名ほどである。

会による主な、活動には、1旧二十四日の拝み、忘年会新年会、2ニングワチャー（二月祭）、3敬老会、3旗スガシ、5慰霊祭、6ピクニックと記されている（『下勢頭誌　戦後編』を参照）。

図3-34　下勢頭郷友会館

二〇一八年七月七日に、下勢頭会館で、旗スガシ行事が行われた。その時の様子を紹介しておこう。

旗スガシーは伝統的な行事で、旧七月七日、全郷友会の評議員が、昼より郷友会会館に集まり、保管されている旗を玄関に立てる。保管庫から、伝統芸能等の衣装、余興道具、書類等を出して虫干しを行い洗い清めをする行事である。今年の様子は図3—35にある通りである。

同会館内には旧集落の思い出の民具や風景画、写真、基地内の元集落の位置を記した地図などが展示されている。

沖縄の七夕は、これから旧盆につながる祖先供養のための墓掃除等が始まる。この日、郷友会の別グループは、嘉手納基地の元集落を見据えるように建っている下勢頭合祀所の草むしり、清掃

図３-35　下勢頭郷友会の旗スガシ（2018年７月７日撮影）

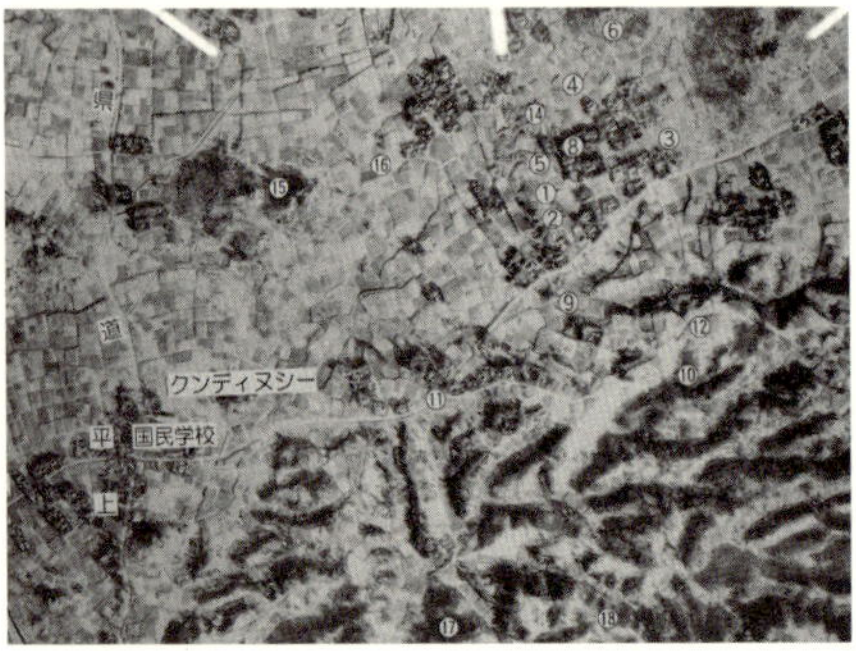

図３-36(a)　旧集落地の航空写真と拝所位置

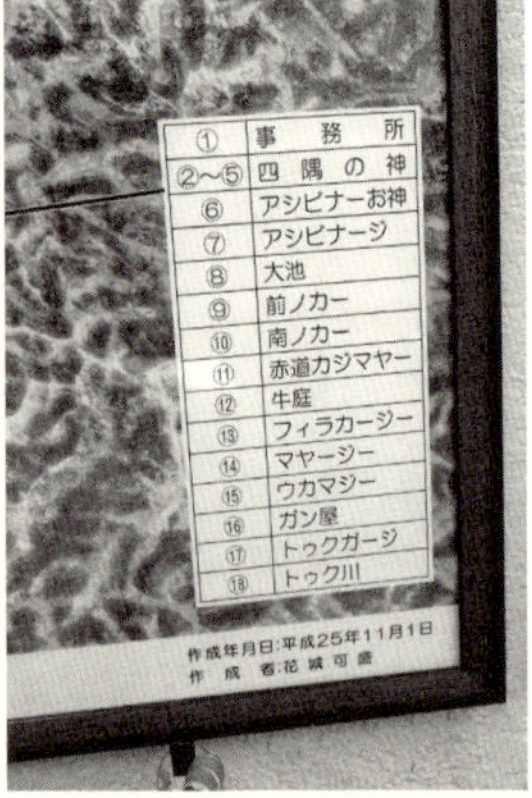

図３-36(b)　同写真に記された拝所名

図３-37(a)　旧字下勢頭合祀所（諸大名神の石碑）

図３-37(b)　同拝所内遥拝所

図３-37(c)　同遥拝所（同遥拝所から嘉手納基地内の元下勢頭の方角を指し示す現郷友会長と前郷友会長）

にあたっていた。郷友会から一〇分程度の丘の上にある。図37(a)(b)(c)は、現会長と前会長に基地内の元集落の方向を訪ねた時のものである。

一方で、基地に残るふるさとの痕跡・文化財の保存を郷友会は熱心に粘り強く続けてきた。すでに、旧ムラの憩いの場所であり香炉の置かれた拝所後には、米軍に要請・陳情の結果、二〇〇一年六月二七日に「あしびの御神」の碑を建立し僧侶に魂入れも行った。その周辺には、戦前の樹木や、井戸、古墓がわずかながらに痕跡をとどめているからである。二〇〇四年五月、北谷町役場経由で那覇防衛施設局から近い将来、米軍住宅の老朽化のための建て替えの情報が入った。これを受けて、下勢頭郷友会では、旧集落の墓・井戸、樹木等の文化財の保存を那覇防衛施設局に要請した。また、工作物(井戸・あしびなー・墓)、植木等(闘牛場跡地のガジュマルほか)をリストアップし、北谷町経由で嘉手納基地司令官に要請書を渡した。結果、二〇〇四年八月一六日に同司令官より下勢頭の樹木・文化財を保全する方向の回答をえた。こうした、活動について前郷友会会長喜友名氏は『下勢頭誌戦後編』の序文に次のように記している。

「米軍から『ふるさと』への立ち入りを禁止されているため、先祖の墓も民間地に移転させられた。移転跡の古墓と集落の移り変わりをみてきたアシビナー、山林のマヤージーにわずかながら、当時の様子を知ることができる。戦前の地形、境界をたどる一助にもなるこれらの樹木が枯れ、米軍の施設整備などで古墓や山林が消えてしまうと。地籍、境界の確認がますます難しくなる。我が下勢頭の土地が返還された後も、『生き証人』となるこれらの大木、山林を守らなければならない。

図３-38　旧字下勢頭〈あしびの神〉碑(嘉手納空軍基地内の元集落位置にある．『下勢頭字誌　戦後編』10頁より転載)

図３-39　下勢頭の拝所の立て看板

下勢頭郷友会では、ニングヮチャー（二月祭）の度に基地内の拝所でウガンを捧げており、これ以上、祖先とのパイプを果たす風景が消えないよう活動している（下勢頭編集委員会二〇〇五、四二頁）。

筆者は、まだ、下勢頭郷友会に同行して嘉手納基地内の聖地を見ていないが、筆者の目的である基地の中の聖地の記録は、まさにこの言説にあると思う。合祀所の入り口看板に「九つの御神を当分の間ここで合祀する」（図3―39参照）と書かれていた。故郷＝「シマ」の返還の日は、いつくるのであろうか。

《注》

（1）基地占有面積は、北谷町役場総務部長室二〇〇八『基地と北谷町』一九頁及び『北谷町勢要覧』二〇一四年版を参照した。

（2）戦前の地名・集落名については、二〇〇六年三月『北谷町の地名―戦前の北谷町の姿―』北谷町文化財報告書第二四集の一六―二〇頁の記述を参照した。また、戦後の行政区・数値の推移は北谷町役場資料に基づいてまとめた。

（3）北谷町の戦後史については、二〇〇五年一一月『北谷町史第六巻資料編北谷の戦後　一九四五―七二』（北谷町）を参照した。また、二〇〇五年三月『北谷町史第一巻通史編』（北谷町）六六三―七七九頁を適宜参照した。

（4）本章での拝所・聖地の名称や由来については一部、筆者の聞き取りもあるが、多くは一九九五年『北谷町の拝所』北谷町文化財調査報告書第一五集（北谷町教育委員会）の各字別の記述に従い参照・引用している。また、一九九七年『北谷町のノロ―北谷ノロ・平安山ノロ―』北谷町文化財調査報告書第一七集（北谷町教育委員会）も適宜参照した。

（5）筆者も二〇一八年八月、北谷町教育委員会職員に同行して話者・末吉ユキさんに聞き取り調査を実施した。このノロ継承系図は、一九九七年『北谷町のノロ―北谷ノロ・平安山ノロ―』二九頁に基づいている。
（6）旧伊礼地区の戦後史については二〇〇四年『旧伊礼郷友会誌』（旧字伊礼郷友会）に詳しく本文の参照とした。
（7）旧字伊礼の獅子舞の由来については一九八五年『蔵森・獅子舞復活記念誌』蔵森・獅子舞復活推進委員会編に詳しく保存経緯と共に記述されている。
（8）以下、下勢頭の記述については、二〇〇五年『下勢頭誌　戦後編』（北谷町下勢頭郷友会）の記述を参照しまとめた。また、本章（図3―38）「あしびの御神」の写真は同書一〇頁資料からの転載である。

第四章　基地接収と爆音被害のムラ―砂辺・戸主会と聖地

一　旧砂辺の概要

旧砂辺地区の一部は、現在も米国空軍嘉手納基地及び陸軍補給施設に接収されている。現在の行政区砂辺は旧砂辺砂辺ヌ前屋取を中心に旧字浜川等を合併して構成されている。旧字砂辺地区の居住地区は、一九五四年以降、米軍用地から返還されたものの嘉手納基地の離発着陸侵入コース下に位置し、爆音被害で字外に多くの世帯が移転せざるをえない状況下に置かれてきた。こうした基地周辺の字のコミュニティと聖地・神行事の伝承について記述してゆきたい(1)。

旧砂辺は一九四五年に米軍占領下に置かれ、ヤンバル地域等に避難していたが、一九四六年一一月に北谷村民の桃原地区へ移動が開始され、砂辺区民の一部も転入した。その後、一九五四年四月一日に旧砂辺地区の一部が解放され、旧集落への帰村が開始された。その後、一九五四年から一九六〇年頃までに旧砂辺地区の土地は暫時解放され旧字砂辺の住民の多くは、帰村を果たしている。

戦後、旧砂辺の人口の最も多かった年は、一九六六年で、一〇五二名（世帯数：二四九世帯）であった。しかしながら、旧砂辺地区は一九七八年、騒音区域指定（二種・三種騒音地域）を受けるほど、嘉手納基地に発着する軍用機の騒音に悩まされてきた。一九七四年「防衛施設周辺の生活環境の整備等に関する法律」が制定された。これにより国は、二・三種区域指定区域住民に対して移転を希望する場合、土地の買い入れと建物等の移転補償をすることになった。この結果、旧集落住民の多くが、地区外に移転している。二〇〇〇年の旧砂辺地区内の居住者は二種指定内で三三三名・一四三世帯、三種指定内で二二五名・八一世帯であり、移転者は二種指定内（八七世帯）、三種指定内（九九世帯）である。一九六六年に比して旧砂辺住民の半数以上が他地域に移転をしたことになる。第一回爆音訴訟は、一九八二年二月に九〇六名（北谷支部二四六名）の住民により提訴されている。新爆音訴訟は、嘉手納基地周辺の住民を含め、二〇一一年四月に二万二〇五八名（うち北谷町三九三四名）により提訴・訴訟が継続している。(2)

戦前の砂辺の小字名を記した集落地図が（図4―1(a)・(b)）である。

（図4―2）は與儀正仁氏（第四代戸主会長）作成による地図である。この地図内には、旧砂辺地区の居住世帯・他出移転世帯が記されている。また、騒音二・三種指定地域と防衛施設局買収による砂辺地区の移転後の空地を示したものでもある。最後の加筆は二〇〇〇年に行われたものである。旧字砂辺地域は、ほぼ、第三種指定地域内（騒音障害・九〇デシベル以上）である。原地図は赤色（移転者）、黄色（居住者）で塗り分けられ、爆音訴訟の法廷資料ともなった。

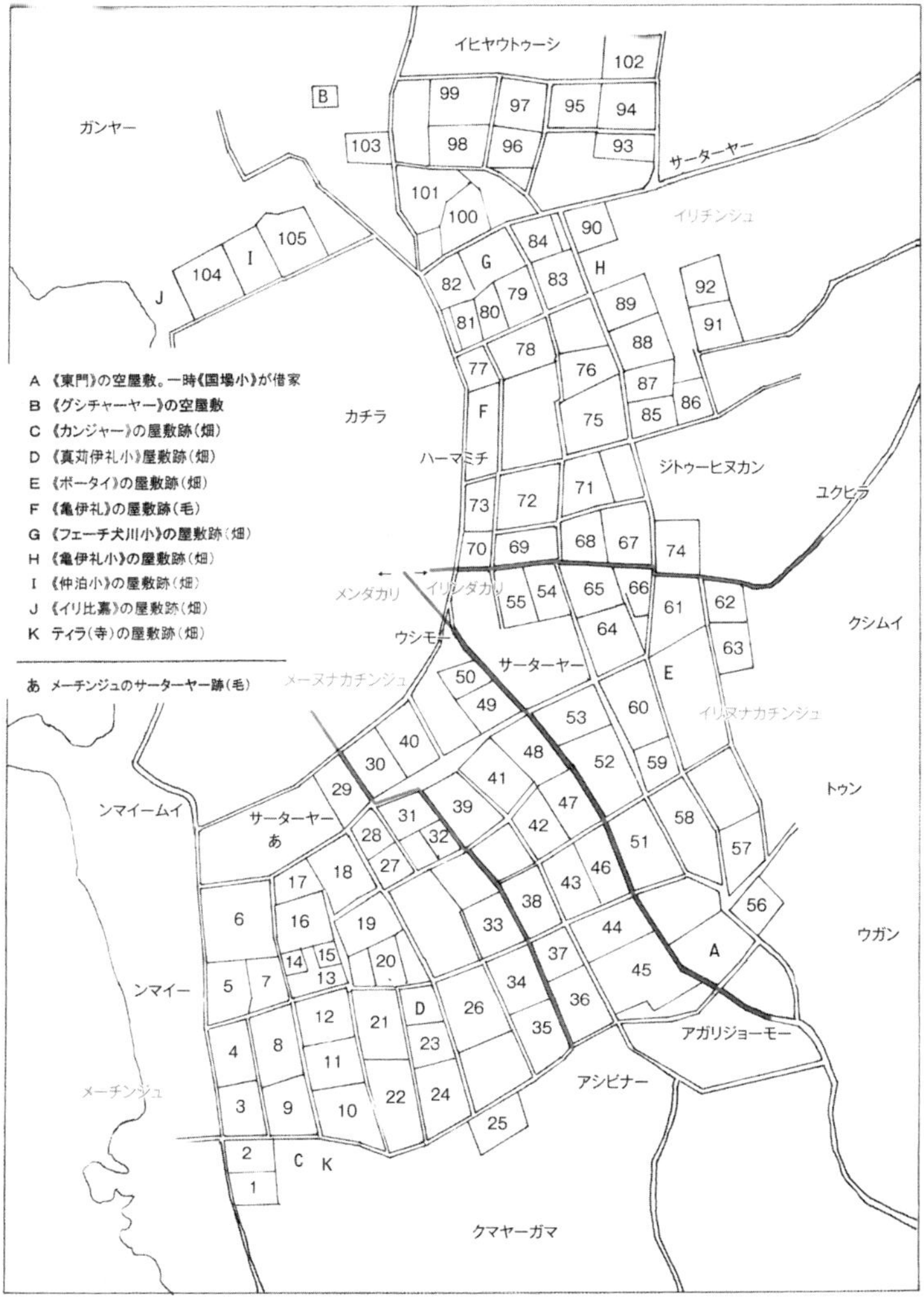

図4－1(a)　旧砂辺集落民俗地図（2016年『砂辺誌』旧字砂辺戸主会，25頁より転載）

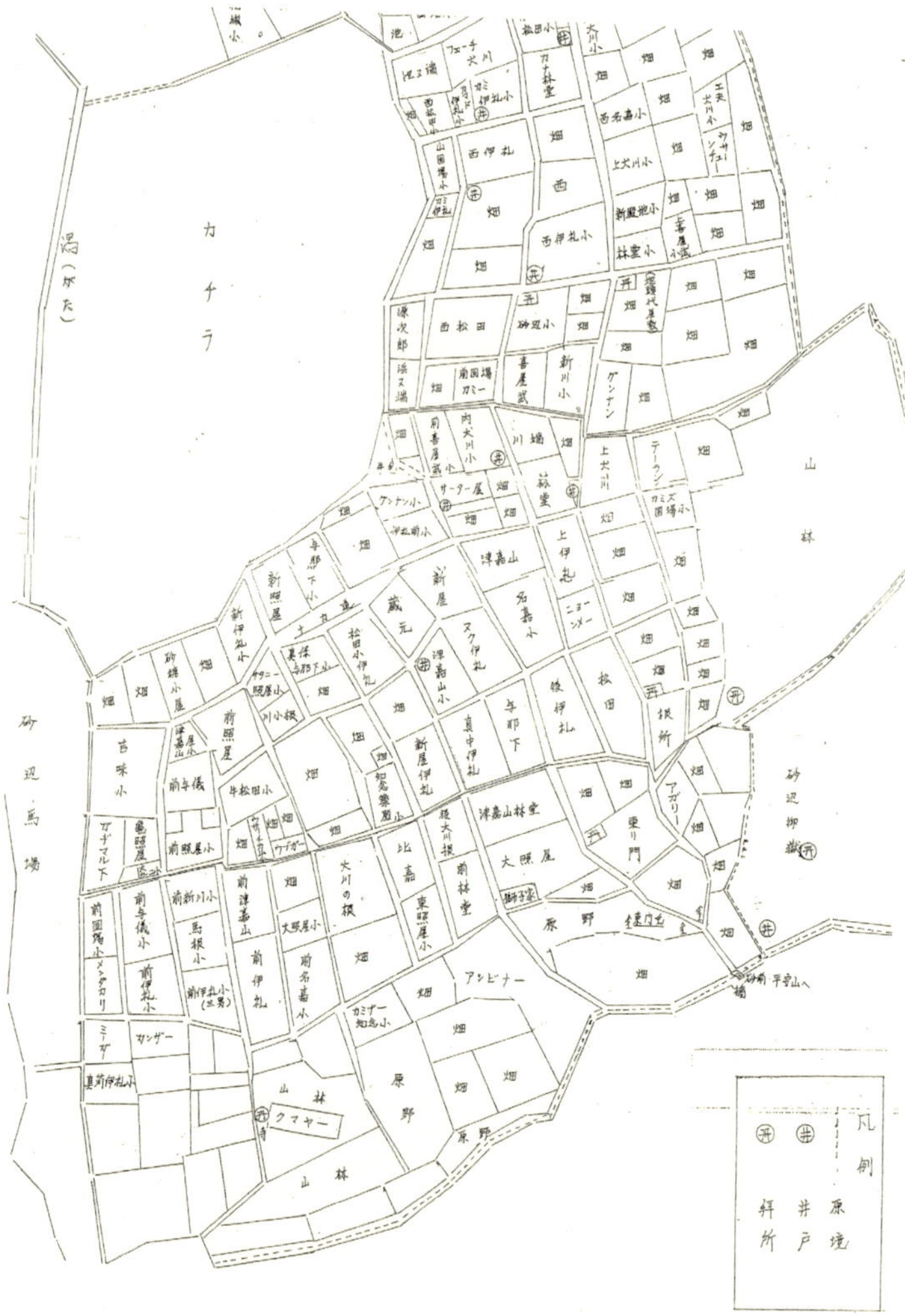

図４－１(b)　旧砂辺小字名地図

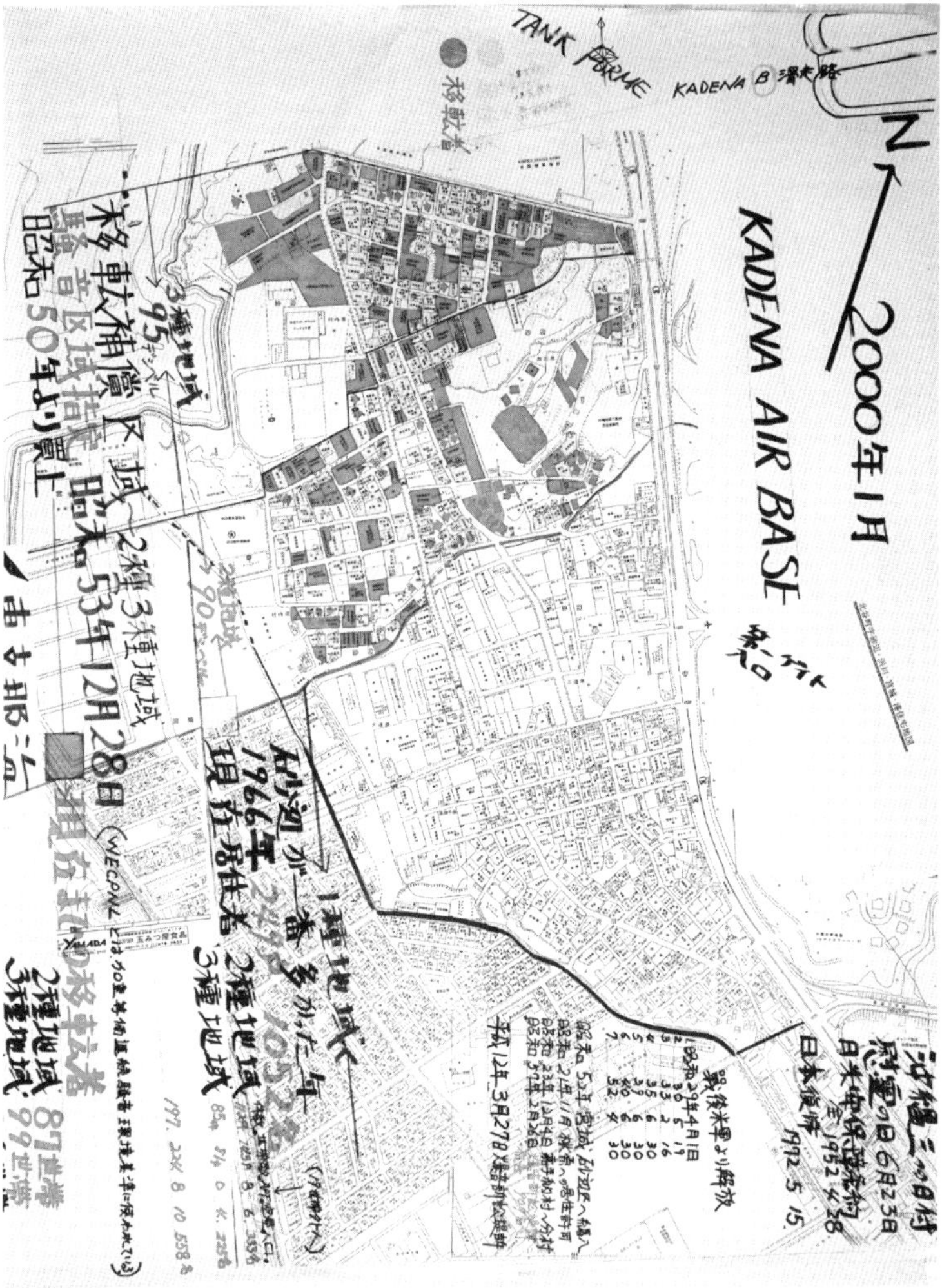

図4－2　砂辺地区移転世帯記入地図（奥儀正仁氏作成）

図４－３　防衛施設局買取り敷地に立つ看板

図４－４　砂辺の墓地上空を飛ぶ軍用機

図４－５　砂辺区住宅地上空を飛ぶ軍用機

二　砂辺戸主会と自治会

前出の戦後史の状況の中で旧砂辺集落自治が、どの様な経緯の中にあったのかを記述しておく。(3)戸主会調べでは、沖縄戦直前、旧砂辺集落には戸数一〇五戸、約四九九人が住んでいた。砂辺地区は、戦後、米軍補給施設ができたために、旧砂辺・砂辺ヌ前屋取の住民の多くは、北谷桃原地区に居住していた。一九五四年、字砂辺の村内原・大道原・加史原（小字名）が解放されたので、旧住民の帰村が開始された。翌年、部落総会を〈根所〉で開催し集落再建が協議された。一九六〇年の新たな砂辺地区の世帯数は一六四世帯、人口七四一人であった。

さらに一九七四年には、合併字および新移住者を含めると五〇〇世帯が居住する区となっていた。そのうち旧砂辺住民は一七五世帯であった。新砂辺区内に町営団地が建設されたこともあり、一九七四年に「旧字砂辺戸主会」を結成した。会員資格は「もともと砂辺集落に住んでいた戸主および分家の戸主」である。目的は、「旧砂辺集落の祖先によって蓄積された共有財産を民主的に管理運営し、会員の親睦と相互扶助、あわせて戸主会の発展を図る」とある。これにより、旧村落で行っていた祭祀行事は旧砂辺戸主会により引き継がれた。

なお、一九七四年の戸主会設立時には、米軍基地に部落共有地を賃貸している「軍用地料」が支払われ、行事や事業に充てられた。この時点での旧字共有地は土地四四五万九六・九七平方メートル、建物（神屋ほか）七二・一〇平方メートルである。砂辺戸主会の主な事業内容は、会員の親睦、祭祀に関する事、共有財産の管理、芸能保存事業としている。なお、砂辺区自治会の老人クラブ、婦人会、青年会や各門中への助成も行っている。一九八六年から、顧問・会長・会計・書記の四役体制が整い定期総会が毎年開催される事となった。また、旧砂辺地域の拝所整備予算が組まれ各拝所が開始される。この年、砂辺の草分け屋である〈根所〉の「御神屋」が新築・整備が実施された。二〇一四年五月時点の旧砂辺戸主会加入世帯は、二八四世帯である。砂辺戸主会事務所は、與儀正仁氏（第四代戸主会会長）宅別棟に設置されている。砂辺自治会の行政センターとしては、砂辺公民館が旧集落内に位置する。行政区としての砂辺自治会そのものは、旧浜川地区他を含み合併して編成されており、砂辺一班—七班までの構成である。これら新行政区砂辺区内には、海岸沿いに開発された住宅・商業施設を含んでおりアメリカ軍人・軍属用の住宅施設も多い。

現在の北谷町行政区砂辺の住民台帳による世帯・人口数は一七一四世帯・二七六四人、外国人世帯数は、七一世帯である。砂辺区に居住する米国軍人・軍属家族の多くは住民登録をする必要はなく、外国人居住者の実数は、不明であるがかなりの数に上る。住民登録数は別として、米軍・軍属家族の砂辺自治会加入は、砂辺区公民館への聞き取りでは、現在、五世帯程度とのことであり、軍属関係者と沖縄人との婚姻世帯が主である。米軍・軍属家族が砂辺自治に加入する主な理由は外人住宅街に隣接する浜川小学校が、砂辺区内にあり、そこに通学する児童の関係もあり自治会に加入している。

なお「旧字砂辺戸主会」は二〇一七年六月より一般法人化し「砂辺郷友会」に名称変更した。これ

図４‐６(a)　砂辺区内外人住宅街

図４‐６(b)　砂辺区内の外人住宅街（砂辺海岸地区に広がっている）

図４‐６(c)　外人住宅街にあるアメリカンスクール用バスストップ

図4-7　砂辺の墓地

は、従来まで、旧集落の軍用地を含む共有財産を砂辺の戸主会代表の三名の名義で登記していたが、今後の会の安定的な発展のため法人格にしたことによる。

以下、便宜上、砂辺戸主会に統一した。

この地区に駐車する車両はほとんどYナンバー（米軍・軍属用ナンバープレート）であり、米軍・軍属家族の子弟の学校は基地内にあるアメリカンスクールのため、早朝は、スクールバスが頻繁に往来する。なぜ、基地内の家族住宅ではなく、基地の外に居住するのか、率直な疑問を嘉手納基地内に勤務する米国出身軍属B氏にインタビューしてみた。B氏の推測の範囲をでないが、「軍人家族が、基地の外に居住する場合は、光熱費も助成を受けている。また、基地内の多様な規則・ゲートの門限他、人間関係も含め自由であるから家族持ちなら外人住宅への希望は多い。また、砂辺地区の外人住宅街はビーチも近く人気がある」とのことであった。

（図4―7）は、外人住宅に隣接する砂辺の墓地である。この墓地には、旧砂辺の墓地でも古い家、門中墓が多い。写真は、二〇一七年九月の旧盆時のものであるが、外人住宅景観との違和感を感じざるを得なかった。

三　砂辺の聖地

(1)　年中行事

砂辺を初めて訪れた頃、その、戦後の歴史から、拝所や聖地は消失しムラ行事も縮小しているだろうと予想していたが、多くの拝所が、砂辺戸主会により整備され、根所（草わけ屋）では、神行事も継続し約三〇ほどの聖地・拝所が再生していた。また旧暦によるムラの年中行事も数多く続いている。以下では、これらの旧字砂辺の聖地について記述してゆく。

二〇一八年度の砂辺戸主会で実施しているムラの年中行事は（表4―1）の通りである。

戦前からの年中行事の多くを復活させ、戸主会執行部・会員・有志を中心に実施されている。平成三〇年度で見れば砂辺戸主会の役員が中心となる行事は、一月二日（初拝み）に始まり、旧七月七日〈旗スガシ〉まで七行事ある。また、（表4―1）の下段にある「伊平屋御願み」、「今帰仁上がり」、「久高島御願み」他、毎年、戸主会役職者と旧字民有志により、砂辺とゆかりのある聖地巡礼の行事が組

表4―1　平成30年度(2018)砂辺戸主会年中行事表(戸主会資料)

	旧暦	新暦	曜日	行事名	場所	拝み時間	供え物
	毎月1日・15日			ウチャトウー拝み	根所・神屋		ビンシー・酒・お茶
1	1月1日	2月16日	金	旧正月拝み	根所・神屋		ビンシー・果物
2	1月2日	2月17日	土	初拝み	根所・神屋	午後3時	ビンシー ウチャヌク・料理一式
3	1月7日	2月22日	木	ナンカヌシーク トウティー	根所・神屋	午後6時半	ビンシー・酒・芋・菜の花
4	1月20日	3月7日	水	二十日正月	根所・神屋	午後1時	ビンシー・料理一式
5	2月5日	3月21日	水	彼岸	根所・神屋		ビンシー・料理一式
6	2月14日	3月30日	金	ウユミ拝み	根所・神屋		ビンシー・料理一式
7	2月15日	3月31日	土	2月ウマチー	根所・神屋		ビンシー・料理一式
8	2月23日	4月8日	日	村清明祭	砂辺・浜川・読谷		ビンシー・料理一式
9	3月14日	4月29日	日	ウユミ拝み	根所・神屋		ビンシー・料理一式
10	3月15日	4月30日	月	3月ウマチー	根所・神屋		ビンシー・料理一式
11	4月7日	5月21日	月	アブシバレー	根所・神屋		ビンシー・料理一式
12	4月9日	5月23日	水	ポーポー	根所・神屋		ビンシー・ポーポー
13	5月4日	6月17日	日	5月チャー(敬老会)	場所未定		ビンシー・料理一式
14	5月5日	6月18日	月	カー拝み	砂辺村内	午前10時	ビンシー・料理一式
15	5月14日	6月27日	水	ウユミ拝み	根所・神屋		ビンシー・料理一式
16	5月15日	6月28日	木	5月ウマチー	根所・神屋		ビンシー・料理一式

	旧暦	新暦	曜日	行事名	場所	拝み時間	供え物
17	6月14日	7月26日	木	綱引き	中道	午後6時半	ビンシー・酒
18	6月15日	7月27日	金	6月ウマチー	根所・神屋		ビンシー・料理一式
19	6月25日	8月6日	月	うわいウマチー	根所・神屋		ビンシー・料理一式
20	7月7日	8月17日	金	七夕旗すがし	根所・神屋	午後1時	ビンシー・酒
21	7月13日	8月23日	木	旧盆(ウンケー)	根所・神屋		料理一式
22	7月15日	8月25日	土	旧盆(ウークイ)	根所・神屋		重箱
23	7月17日	8月27日	月	獅子拝み	獅子屋	午後6時半	
24	8月9日	9月18日	火	カンカーウユミ拝み男性	砂辺部落内4ヵ所	午後6時半	牛肉の中身
25	8月10日	9月19日	水	カシチ拝み	根所・神屋		料理一式
26	8月15日	9月24日	火	十五夜	砂辺集会所	午後6時半	ビンシー・酒
27	9月9日	10月17日	水	菊酒	根所・神屋		ビンシー・酒
28	9月5日	10月23日	火	伊平屋お通し	砂辺伊平屋神		豆腐一式
29	9月21日	10月29日	月	お寺参り(寺メ)	寺		重箱一式
30	11月16日	12月22日	土	冬至トゥンジー	根所・神屋		
31	12月7日	1月12日	火	ムーチー	根所・神屋		
32	12月24日	1月29日	金	御願解き	根所・神屋		

砂辺郷友会ウガンと順拝所(5年廻り)	
○平成30年度　久高島御拝み	○平成35年度　久高島御拝み
○平成31年度　今帰仁クボウ御嶽・国頭辺戸安須森御嶽	○平成36年度　今帰仁クボウ御嶽・国頭辺戸安須森御嶽
○平成32年度　今帰仁上り	○平成37年度　今帰仁上り
○平成33年度　伊平屋御拝み	○平成38年度　伊平屋御拝み
○平成34年度　東御廻り	○平成39年度　東御廻り

まれている。遠方の場合、泊まりがけで参拝することもある。

砂辺内の神行事関係の聖地拝みは、現在、戸主会執行部と後述する根所家人を中心に実施されている。また、砂辺戸主会のムラ行事の中心は、根所およびその敷地内にある〈ウカミヤー〉（御神屋）を中心に実施される。

以下では、参与観察のできた戸主会主催の行事で旧集落の根所の関わる行事の、つまりは、かつての村落祭祀に関わる行事の一例について紹介しておきたい。

① 村清明祭

二〇一八年四月八日に行われた砂辺戸主会の清明祭は「村ウシーミー」と呼んでいる。簡単にいうと村の起源や祖先にゆかりのある聖地や場所を健康祈願等をしながら回るかつてのムラ行事である。午前一〇時、砂辺戸主会の呼びかけにより、ムラの神屋である根所に、会員が三々五々集合した。一同、神屋の神棚にお参りした後、四コースの巡礼別に、それぞれ小グループに分かれ拝みに出かける。一グループは六、七名であった。巡礼コースと拝みの聖地は、次の通りである。

○村内東コース

遥拝順＝一ヌール火の神、二ヌール墓、三ウチャタイウメー之墓、四ウフシヌシー（拝所石良具御イビ）

○村内西コース

遥拝順＝一村グサイの墓、二無縁仏之墓　三クマヤーガマ　四クマヤー納骨堂、五ウドイ神の墓、

図４－８(a)　御神屋根所石碑

図４－８(b)　砂辺神屋

図４－８(c)　清明祭の巡礼の準備をする戸主会員

六アジ墓・ウミナイビの神

○北谷コース

遥拝順＝一浜川御嶽、二北谷大川按司の墓

○読谷村コース

一　仲宗根若按司丘春の墓、二読谷長浜上代の御霊

この内、北谷コースに同行した筆者は、その目的先の聖地参拝の様子を記録することができた。浜川御嶽での拝みの様子が、（図4―9）、北谷大川按司之墓の拝みの様子が（図4―10）である。このコースは私も含めた七名の巡礼であった。

浜川御嶽を拝む理由は、旧砂辺に隣接した浜川集落の御嶽が、北谷一帯を納めていた平安山ノロの祈願所であり、砂辺のノロの井戸ほかも関係していたからであるという。北谷大川按司の墓は、旧砂辺と関係のある門中の祖先の按司《あじ》の墓という。いずれも、村の繁栄と成員の健康を祈願する。供え物は、いずれも、ミサマ（ウチカビ・シルカビ、線香七本・一五本・一七本の三セット）を拝所に供える。そのほか、重箱・花米・茶・酒・水を供え、線香を焚いて祈願を終了した。

この巡礼の後、砂辺集落内に戻ると、各コースに分かれていた会員が、集落内の按司墓の前へ集まってきていた。ここでも同様の拝みと祈願が行われ、戸主会長・前戸主会長の挨拶が続き、一同で墓前で会食し、村清明祭は終了した。

② **カー拝み**（図4―12(a)(b)(c)参照）

図４－９　浜川御嶽での拝み

図４－10　北谷大川按司之墓での拝み

図４－11　砂辺按司之墓前での清明祭供養

この祭祀は、約二〇年ほど前から始められた拝みであるという。根所の家人、戸主会役員と有志で回る。順番はヌールガー、ンブガー、トーガー、カーバタガー、インガーの順でまわる。各所に供え物とビンシー、線香を供えて祈願する井戸の神への感謝祈願である。

③　旗スガシ

毎年旧七月七日に根所の表で行われる行事である。旧集落の旗頭である「創農」旗は、根所の屋根裏にしまわれているが、この日に表に出して虫干しする意味もある。また、この日より旧盆の準備が始まり墓の草むしり等をする時期となる。二〇一八年は八月一〇日であったが根所に集まったのは戸主会会長ほか役員数人と根所の家人一名であった。根所から、旗頭の竿を出し組み立て、垂直に掲揚した。その後に根所内で、お酒が振舞われた。

(2)　聖地の伝承

筆者は、二〇一六年から二〇一七年にかけて與儀正仁氏（第四代戸主会長）、照屋正治氏（北谷町議会議員）他、字誌編纂委員の協力を得て、聖地・拝所の位置確認・撮影を実施した。また、根所の現継承者である知念正一氏他、自治会関係者にも聞き取り調査を行った。しかしながら、つまり、戦後の出生者世代には旧砂辺の拝所・聖地の由来が十分に伝承されていない現状もあった。二〇一六年一〇月、砂辺戸主会が主体となった字誌編纂事業の成果として『砂辺誌』がまとめられた。以下の聖地に関する記述の多くは、『砂辺誌』の「第四章　聖地と年中行事」（一三七―一五四頁）を筆者の課題に基づいて引用・参照し、まとめたものである。また、各拝所に建立されている石碑に刻印された由

図 4-12(a)　ヌールガー

図 4-12(b)　ヌールガー

図 4-13(a)　ンブガー（産川）

来記述も参照した。必要に応じて、北谷町教育委員会で実施された民俗文化財調査報告書『北谷の拝所』（一九九五年）の記述を参照した。筆者の課題は、米軍基地用地の返還地域で行われた聖地・拝所の復興のプロセスである。具体的には、一九五四年、避難先・移転先より帰村した旧字砂辺住民が、荒廃した旧字の拝所を整備し年中行事を復活させたプロセスである。

まず、現在、旧砂辺にある聖地に関して一覧にまとめてみたものが（表4―2）（一七一頁）である。また、その位置を記した地図が図4―17（一七二頁）である。

（図4―17）は戸主会保存資料の「旧字砂辺部落拝所案内図」を基に筆者が一部、地名、公民館位置（図中＝公）他、加筆したものである。この地図を元に、聖地・拝所の調査を実施した。地図の上部に記入した陸軍基地は燃料貯蔵施設であるが、旧砂辺の墓もフェンス越しに見え、黙認耕作地ともなっている。図中の〈カラチ〉という地名は戦前は湿地・原野であったが、戦後は埋め立てられ多様な施設が建築されたが、現在は外人住宅を含み団地として整備されている。〈クシムイ〉という地域は、旧砂辺集落でもっとも高い丘陵地をさす地名である。かつて今帰仁や伊平屋へのお通し拝みが行われたという伝承がある。丘の上には現在も「伊平屋森石良具御イビ」の拝所（図4―17番号29）がある。その丘の裾野、南側には御嶽があり旧字の重要な聖地が集まっている。またこの御嶽の北西に草分け屋があり村行事の中心拝所〈カミヤー〉（御神屋）が位置している（図4―17番号1）。

以下に各聖地・拝所の伝承・由来をその聖地の整備の経過・ムラ行事内の位置づけの変遷・変化を中心にまとめてみた。なお、各聖地に付した番号は（表4―2）の位置の番号である。

図4-13(b)　うぶが池

図4-14(a)　唐井之水神

図4-14(b)　唐井之水神

1 〈ウカミヤー〉と根所（図4―17番号1、図4―18・19(a)参照）

〈ウカミヤー〉と呼ばれ〈御神屋〉の漢字があてられている。砂辺の草分け屋〈根所〉の家（知花家）敷地内の家に位置する。戦前は、草分け屋（根所）の屋敷（知念家）内の神棚にあったが、居住地解放後、〈ウカミヤー〉御神屋を根所の敷地内に別棟に移し、その後、砂辺戸主会の予算で一九九三年五月に新築された。この神屋の別棟建設は、当時の戸主会長の要請もあり、現在の御神屋新築落成式一九九三年は砂辺戸主会のもと行われた。現在も旧字村落行事の多くは、砂辺戸主会と根所の家人を中心に、根所の御神屋に祀られる神々の参拝から始まる。

（図4―18、一七三頁）はカミヤ内部。写真は二〇一七年の旧盆時に根所の現戸主（知念正一氏）の神棚への拝礼の様子である。神棚の祭祀対象は向かって左側より〈ムラデーカミ火ヌ神〉（村火神）、中央に〈カミウグヮンス〉（神お元祖）があり六個の香炉が置かれている。右端二個の香炉は〈ウサチユー〉〈ハダカユー〉時代祖先であり〈ウミキ〉（男）・〈ウミナイ〉（女）の意味がある。その隣が〈ナカヌユー〉（中の世）で同じく男女の祖先である。その隣が門中の香炉であり、左端が〈カミンチュー〉（神人）であり〈アティナシグァー〉と〈ンマリングァー〉の香炉と伝承されている。神棚の右端には〈手千観音画像〉が祀られ香炉が一つある。

根屋は、草分け屋・旧家であり、〈ニードクゥル〉といわれている。この屋敷は、代々の知念家戸主により継がれ、戦前より村行事の中心的役割を担ってきた。その家の一番座には祖先を祀る神棚があり祭祀行事に必要な祭祀道具を保管してきた。一九七四年に同敷地内に別棟の「御神屋」を建築し

表４―２　旧砂辺区聖地一覧

番号	聖地名	石碑刻印名称	主な祭祀年中行事行
1	ウカミヤー	御神屋根所	村落祭祀行事全般
2	ニガン	拝所　ニガン	神屋行事
3	トゥン	拝所砂辺之殿	ムラ清明祭(旧３月中)
4	ヌール墓	砂辺御嶽　拝所　ヌール之墓	ムラ清明祭
5	ウチャタイウメーヌの墓	ウチャタイウメー之墓	ムラ清明祭
6	ウガン	砂辺　御嶽拝所　照神	ムラ清明祭
7	大里ムチウリの墓	大里ムチウリ之墓	
8	ムラグサイの墓	村グサイの墓	
9	ヌールガー	拝所　砂辺御嶽　ヌールガー	カー拝み(旧5月５日)
10	アガリジョーモーヌシ	無し	カンカー祭
11	シーシヤ	拝所　獅子屋	シーシウガミ(旧７月17日)・十五夜アシビ(旧７月15日)
12	ウドゥーイガミ	踊神之墓	ムラ清明祭
13	アジ墓	天孫子　按司之墓	ムラ清明祭
14	クマヤーガマ	クマヤーガマ	
15	トウナントウの墓１	拝所　唐港　ムラグサイヌ墓	ムラ清明祭
16	トウナントウの墓２	無縁仏之墓	ムラ清明祭
17	ティラ	拝所　砂辺之寺	初ウガミ(正月２日)・御願解き(12月24)
18	クマガーヤマ納骨拝殿	クマヤーガマ納骨拝殿	ムラ清明祭
19	ウブガー	砂辺ウブガー水神	初ウガミ(正月２日)・御願解き(12月24)カー拝み(旧５月５日)
20	トゥティークー	拝所トゥーティークの神	ナンカーヌシーク(旧１月７日

番号	聖地名	石碑刻印名称	主な祭祀年中行事行
21	トーガー	拝所　唐井之水神	カーウガミ（旧5月5日）
22	無縁仏之墓	無縁仏之墓	
23	ンマイームイのイビ①	拝所　砂辺之龍宮神	
24	旧龍宮神の拝所後		
25	カーバタガー	カーバタ井之水神	カーウガミ（旧5月5日）
26	インガー	拝所　犬川之井水神	カーウガミ（旧5月5日）
27	ジトゥーヒヌカン	拝所　地頭火の神	
28	イヒヤウトゥーシン	拝所　伊平屋ウトウシ神	伊平屋オトウシ日（旧9月15日）
29	ウフシヌシー	拝所伊平屋森石良具御イビ	ムラ清明祭

神棚も移転した。

2〈ニーガン〉（図4―17番号2、図4―20参照）

根所敷地の北隣に、〈ニーガン〉とする拝所がある。拝所内には火の神が祀られている。

根所では、神仏を備える供え物の煮炊きをしたシム（台所）のあった場所と伝承されている。戦前は、根所（知念家）の屋敷内にあったとする説、現在ある根所北隣の敷地に移転し独立したという説と、元々、現在の場所にあったという説がある。

一九八七年五月、砂辺戸主会により、「拝所　ニガン」の碑が建立され、堂内には、火の神の横に二つの香炉が置かれている。根所の家人により、「ウカミヤー」同様、「ウチャトー」儀礼と年中祭祀が行われている。

3〈トゥン〉（図4―17番号3、図4―21参照）

クシムイの山裾にあり根所の東側に位置する。『北谷町の拝所』（一九九五）では「ヌール火ヌ神」と

図4-15　カーバタガー

図4-16　犬川之井水神

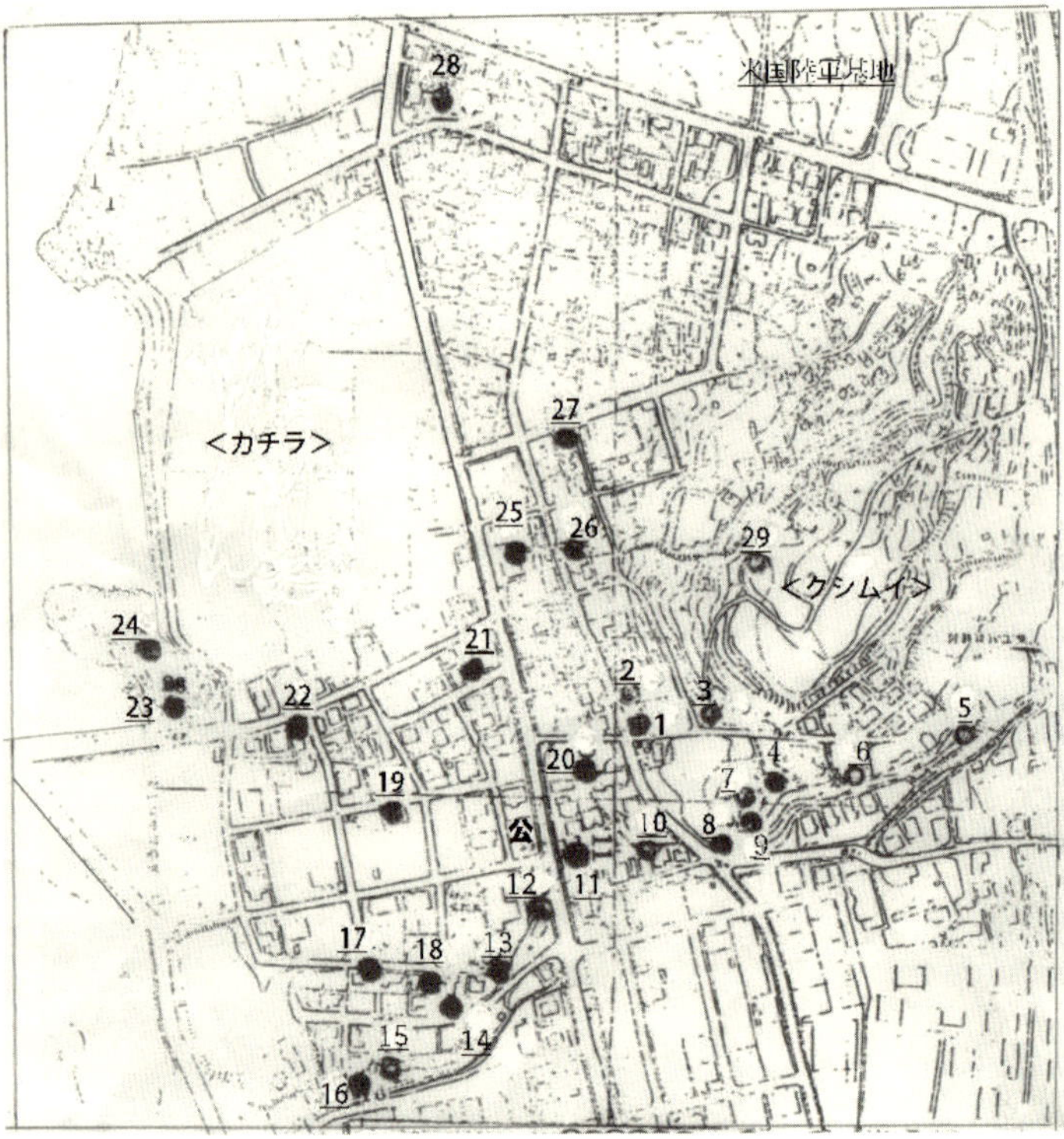

図4-17　砂辺聖地・拝所位置図

記されている。同書には『琉球国由来記』（一七一三）に記載されている「砂辺之殿」ではないかと思われる。…中略…古老の話によると、戦前の五月ウマチー（稲穂際）には、平安山ノロがこの場所を訪れ、祭祀を行っていたという。ところが、戦時中の平安山ノロ物故後、ノロの継承も途絶え、今ではこの拝所における祭祀は消滅した」（同二三頁）と記述されている。

一方一九九〇年に刊行された『砂辺誌』の記述では戦前のトゥンのイビはクシム

図 4 -18　根所・神屋内の神棚と火の神

図 4 -19(a)　根所継承宅にある祖先の位牌

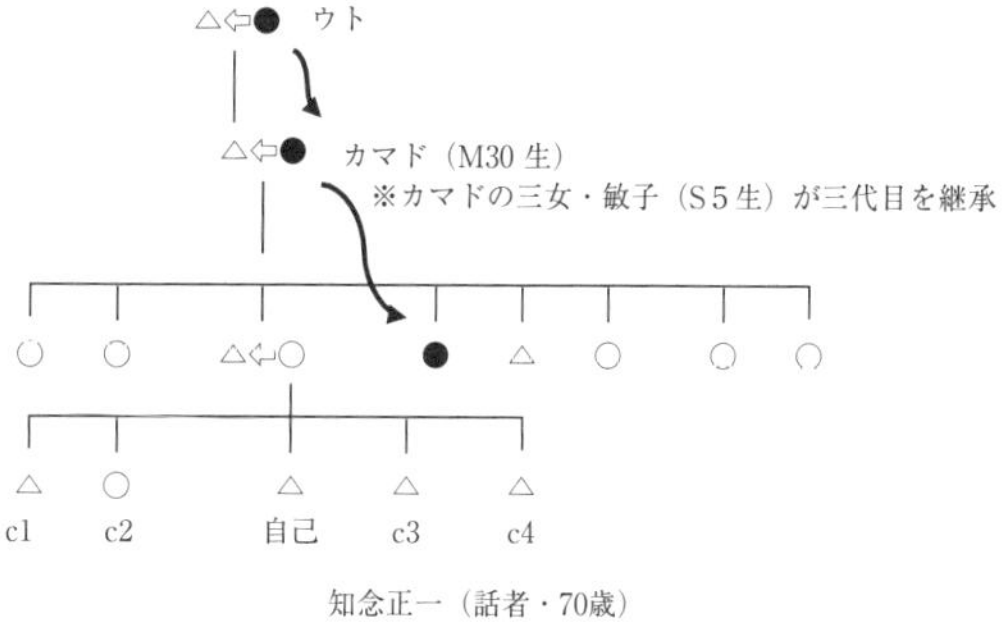

図 4 -19(b)　根所継承家，知念家継承系図

図4-20　ニガン拝殿

イの山すその岩場を利用して築かれ、ウフシーヌ拝所の方向に拝むように配置されていた。現在のお堂は北向きである。砂辺戸主会の整備に伴い一九九四年一二月吉日に「拝所　砂辺之殿」の碑が建立された。中には、〈トゥン〉と刻まれた石碑と香炉がある。この拝所への拝みの変遷を『砂辺誌』より要約すると次の通りである。現在はウマチー祭祀で、このトゥンでの拝みはなく、根所のウカミヤーとニガンのみで行われている。トゥンの拝みは、一九九一年までは旧九月九日に菊酒が供えられていた。また、一九九〇年から二〇〇三年までは旧一月二日の拝みと、旧一二月二四日のフトゥチ拝みでも、ウチャヌク・酒・花米・線香などを供えて拝んでいた。二〇一三年からは、ヌールの拝んでいた拝所を拝まなければならないとして、旧二月の村清明で、チュクンの重箱・ミサマ、酒、水、茶、花米、線香を供えて拝むようになった。

4　古墓1〈ヌール墓〉（図4―17番号④、図4―21・22(a)(b)参照）

ウガンの杜の奥に位置する古墓。この墓は、古く高貴な墓として、戦後、二代目戸主会長喜屋武繁雄氏（以下K・T氏）を中心に開けられ調査されその後、砂辺戸主会により墓前・墓道が整備され一九八八年五月吉日に「砂辺御嶽　拝所ヌール之墓入り口」「砂辺　ヌール之墓」の碑が建立された。

図４-21　拝所・砂辺之殿

図４-22(a)　ヌール之墓石碑

図４-22(b)　ヌール之墓

命名はK・T氏による。整備にともない、砂辺戸主会の村清明で拝まれている。その他、戦前から津嘉山伝道門中で拝まれてきた。ただし、同門中の松田氏によれば、戦前はただ「ハカ」と呼んでいた。〈根所〉では〈チュウザンバカ〉と伝わっている。『北谷の拝所』（二二頁）にも「この墓はかつてノロ職にあった神人が葬られていた場所の伝承がある。ヌール墓には、旧字戸主会により、大小二つの石碑が建立されている。三月のシーミーの際に、根所家人と戸主会の代表が参拝する」。と記述されている。

5 〈ウチャタイウメーヌ墓〉（図4―17番号5参照）

ウチャタイの語義は不明であるが場所名を示す。戦前より怖い場所でただ「ハカ」と呼んでいた。高貴な人の墓であるとしてK・T氏を中心に墓が開けられ調査された。一九八三年に砂辺戸主会により墓周辺が整備された。一九八八年五月吉日、K・T氏の命名の元、「拝所 ウチャタイウメーヌ之墓入口」「ウチャタイウメーヌ之墓」の碑が戸主会により建立された。墓の整備を機に村清明で拝むようになったが、二〇一二年と二〇一三年には、戦前にはムラで拝むことのなかった個人の墓として砂辺戸主会の拝みから外された。その後、二〇一四年に復活している。現在でも「ウチャタイの前の墓」、「ウチャタイの爺さんの墓」の二通りの解釈がある。

6 〈ウガン〉御獄（砂辺加志原）（図4―17番号6、図4―23・24(a)(b)参照）

旧砂辺集落南東側に位置する杜一帯を〈ウガン〉と称する。杜の頂上にお堂があり、村の守護神を祀る香炉が安置されている。この地域一帯は、セジ高いところとして崇められ勝手に立ち入ったり草木の伐採は「ヤマサリーン（神の障りがある）」といわれてきた。〈根所〉の関係者・知念敏子氏（戸主の叔母であり、根所の神役・一九三〇年生まれ・二〇一六年に亡くなった根所最後の神役）によれば、戦前は杜の中に祠《ほこら》が一つあり、「ウフスーヌハカ（大主の墓）」と呼んでいたが、現在は敷き均されて痕跡はない。現在、その場所とやや離れたところに赤瓦葺のお堂が建設され香炉が置かれている。このお堂の整備は砂辺戸会により進められ、一九八八年五月吉日に「砂辺御嶽　拝所　照神」の碑が建立された。命名者は、前出のK・T氏である。現在、この漢字名称から住民には、「テラシン」「テルシン」「ティラガミ」他、いろいろに呼ばれている。お堂の建立後は、砂辺戸主会のムラシーミー（村清明）で拝まれるようになった。一九九一年までは菊酒（旧暦九月九日）に菊酒が供えられていた。一九九〇年頃から二〇〇三年までは、ハチウガミ（初拝み）（旧暦一月二日）、フトゥチ拝み（旧暦一二月二四日）でも酒・花米・線香を供えて拝んでいた。『北谷町の拝所』の記述では、「正月二日にニードゥクルの家人や、旧字砂辺戸主会から正月のタティウガン（立て御願）を行い、長寿・子孫繁栄・字民の無病息災などの祈願が行われる」（同二一頁）と記載されている。

7　**〈大里ムチウリ之墓〉**（図4―17番号7、図4―25参照）

御嶽の小道脇に位置する。K・T氏の命名で一九八八年五月に「大里ムチウリ之墓」の石碑と香炉が砂辺戸主会により建立された。以後、村清明祭で拝まれていたが、戦前にはなく、ムラ拝みの対象ではないとされ、二〇〇七年頃、砂辺戸主会の拝みから外れた。

8　**〈村グサイの墓〉**（図4―17番号9、図4―26参照）

図 4 -23　砂辺御嶽

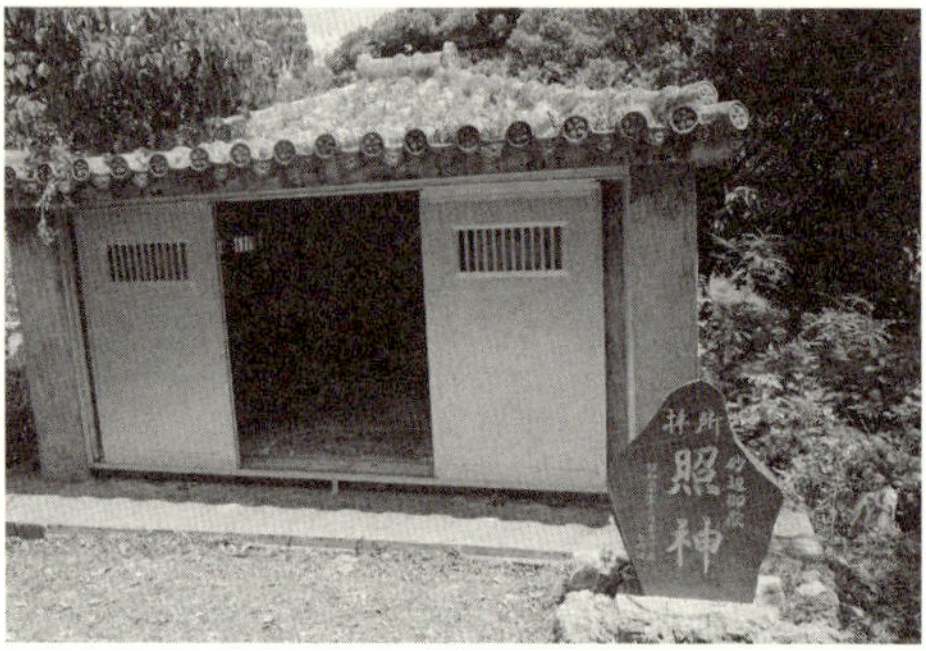

図 4 -24(a)　拝所・砂辺御嶽・照神

図 4 -24(b)　同拝殿内の香炉

図4-25　大里ムチウリの墓

図4-26　村グサイ之墓

同じく御嶽の小道脇に位置している。同じく、K・T氏の命名で、一九八八年五月に「村グサイ之墓」の石碑と香炉が砂辺戸主会により建立された。以後、ムラ清明祭で拝まれていたが、ムラ拝みの対象ではないとされ、二〇〇七年頃、砂辺戸主会の拝みから外された。『北谷町の拝所』にこの聖地の記載はない。

9〈ウタキガー（ヌルガー）〉（図4―12(a)(b)参照）

御嶽に入る小道の手前に〈ヌールガー〉（ノロの井戸）が位置する。

ウマチ祭祀のために平安山

ノロがこの井戸で清め〈トゥン〉に上がったと伝承されている。旧名称については明確ではなく〈タキガー〉・〈タキグサイウカー〉と言われ〈根所〉では〈ウタキガー〉と呼んできた。砂辺戸主会により一九八七年五月、「拝所　砂辺御嶽　ヌールガー」の碑が建立された。命名はK・T氏による。その後〈ヌールガー〉と呼ばれるようになった。一九九一年頃まで、旧九月九日（菊酒）に拝んでいた。一九九〇年から二〇〇三年まで旧正月二日の初拝み・旧一二月二四日〈フトゥチ〉でも拝まれていた。一九九七年頃から現在、旧五月五日のカーウガミで拝まれている。また、《津嘉山伝道》門中が旧正月二日のカーウガミで拝んでいる。

『北谷町の拝所』（同三二頁）の記述にも〈タキガー〉からの〈ヌールガー〉への名称の変化が記述されている。また、現在の拝みは、旧正月のハチウガミに砂辺戸主会とニードゥクル家人によりおこなわれていると記述されている。

10〈アガリジョーモーヌシー〉

《東門》の南に位置したアガリジョーモーと称する広場にあった岩。カンカー祭祀で使う牛を屠殺する場所だった。現在は、カンカー祭祀で最初に、牛の内臓の煮物、酒、花米、線香を供えて拝んでいる。

11〈シーシヤ〉（図4—17番号11、図4—27参照）

獅子を保管するお堂。獅子そのものは戦後作成されたものである。年二回、〈シーシウガミ〉（旧七月一七日）と〈十五夜アシビ〉（旧八月一五日）で出される。現在のお堂は、一九八七年五月吉日に砂辺戸主会により再建され「拝所　獅子屋」の碑が建立されている。

12〈ウドゥーイガミ〉〈踊神ヌ墓〉（図4—17番号12、図4—28(a)(b)参照）

戦前はなかった。一九八一年に砂辺公民館建設の際、出土した人骨を祀ってある。理由は、戦前のアシビナーの敷地から出土した事から、K・T氏の命名の元、砂辺戸主会により一九八八年五月吉日に「踊神之墓」石碑が建立された。その後、村清明で拝まれるようになったが、二〇一三年に個人の墓であるとして砂辺戸主会の拝みから外された。その後、二〇一四年に拝んだ方が良いとされ復活している。

13〈アジ墓〉（図4—17番号13参照）

アジシーとも言う。クマヤーガマの近くにある。戦前から村清明の対象で現在も砂辺戸主会により拝まれている。戦前は岩陰に厨子甕が一時期置かれていただけであった。戦後、K・T氏を中心として整備され「按司《あじ》夫婦」の墓とされた。一九八八年五月、砂辺戸主会により「天孫子　按司之墓」の碑が建立された。門中レベルでは、遠方の南風原町津嘉山門中が清明で拝みに来る。

14〈クマヤーガマ〉（図4—17番号14、図4—29(a)(b)参照）

集落の南西に位置する鍾乳洞。米軍の占領、基地化にともない埋没していた。また、その後、建設された外人住宅からの汚水により汚染されていた。この洞窟は、戦前より霊域とされていたが、戦時中、避難壕として使用され多くの住民の命を救った場所でもあった。元住民からガマの整備の声が上がり、一九八六年、汚泥をかき出す採掘の際に多数の先史時代の人骨が発見された。一九八六年八月

図４-27　拝所・獅子屋

図４-28(a)　踊神の墓標

図４-28(b)　踊神之墓

図４-29(a)　クマヤーガマ

図４-29(b)　クマヤーガマ内部の子宮神

図４-30　クマヤーガマ納骨拝殿

に北谷町教育委員会により発掘調査が行われた。洞窟の整備後、一九九五年五月吉日にガマ入り口に拝殿が建設され、「クマヤーガマ納骨拝殿」の碑が砂辺戸主会により建立された。拝殿の建築後は、砂辺戸主会の村清明で拝まれている。また、津嘉山伝道門中の清明でも拝まれている。

なお、筆者の調査では、竜宮神がガマ内部に設置されていた。

15〈トーンナトゥ〉の古墓1（村グサイヌ墓）（図4―17番号15、図4―33参照）

トーンナトゥ（唐港）と称する場所にある古い墓。戦前は厨子甕がむき出しの怖い場所だった。戦後、近隣に建設された外人住宅の汚水が流れこみ不衛生な場所となっていた。砂辺戸主会により、近隣環境と墓の整備のため、K・T氏を中心に墓が開けられ調査を実施した。

一九八八年五月吉日「村グサイ之墓」の碑がK・T氏の命名で砂辺戸主会により建立された。現在、砂辺戸主会の村清明祭で拝まれると共に、津嘉山伝道門中と宮平門中で門中シーミーで拝まれる。戦前はトーンナトゥの「ハカ」とよんでいた。

16〈トーンナトゥ〉の古墓2（無縁仏ヌ墓）（図4―17番号16参照）

〈トーンナトゥ〉の古墓1の隣にある。砂辺戸主会により古墓1と同時に整備された。一九八八年五月吉日「無縁仏之墓」の碑が同じくK・T氏命名により建立される。現在、砂辺戸主会の村清明祭で拝まれる。

17〈ティラ〉（図4―17番号17、図4―31参照）

砂辺公民館西側に位置する自然洞窟である。一九四四年一〇月一〇日空襲以後、クマヤーガマと連結して避難壕として使われた。現在、旧暦九月のティラウガミで、白紙・酒・花米・線香等が供えられている。現在、お堂の中には霊石が置かれ一九七三年旧一二月一二日に奉納された香炉が置かれている。二〇〇三年五月一二日吉日「拝所　砂辺之寺」の石碑が旧字戸主会により建立された。『北谷の拝所』（一九九五年）にこの記述はない。

18〈クマヤーガマ納骨拝殿〉（図4―17番号18、図4―30参照）

19〈ウブガー〉（図4―17番号19、図4―32参照）

砂辺公民館の北側にある。新生児に浴びせる産水や正月の若水を汲んだ湧泉。戦前より飲料水には使わない拝所であった。米軍占領中は埋められていたが、砂辺戸主会により掘り起こされ整備された。現在、香炉前に、「砂辺ウブガー水神」（一九八七年五月）の碑が建立されている。戦前からムラ拝みの対象であった。一九九一年ごろまでは、旧九月九日（菊酒）の時、一九九〇年頃から二〇〇三年までは旧正月二日の初拝みと旧一二月二四日のフトゥチ拝みで、一九九七年頃からは、旧五月五日のカーウガミで拝まれる。〈津嘉山伝道〉が旧正月二日のカーウガミで拝んでいる。

20〈トゥティークー〉（図4―17番号20参照）

戦前は、〈東門〉の屋敷北側に隣接していた道路脇に小さなイビがあった。イビには霊石が置かれていた。特別な名称はなく、「ウガンジュ」と呼ばれていた。旧一月七日のナンカヌシークー祭祀には、サツマイモ、菜の花、線香等を供え拝んでいた。サツマイモを供えることから農業の神様であるとして、一九八七年五月「拝所　トゥティクゥの神」の碑が砂辺戸主会により建立された。命名はK・T

図4-31　拝所・砂辺之寺

図4-32　拝所・ウブガー

図4-33　村グサイ之墓

氏により、現在は、トゥティクゥーと呼ばれている。

21〈トーガー〉（図4―17番号21参照）

井戸の石組みは戦前のままに再整備された井戸である。この井戸は米軍により埋められていた。ある人の眼病をきっかけにユタの助言でこの井戸を再度掘り起こし、その後、砂辺戸主会により整備された。この井戸は戦前からムラウガミの対象であった。約二〇年ほど前よりカウガミで拝まれている。二〇〇二年に「拝所　唐井之水神」の石碑が砂辺戸主会により建立された。二〇〇八年五月のカーウガミの様子は（図4―14(a)、(b)）のとおりである。

22〈無縁仏ヌ墓〉（図4―17番号22参照）

この墓に関して詳細は不明である。

23〈ンマムーイのイビ1〉リユウグウシン（龍宮神）（図4―17番号23、図4―34参照）

このイビは戦前からあったかないか砂辺戸主会でも不明である。戦前からあったとする人は、ンマイームイの

図4-34　龍宮神

下にあった小さなガマにイビがあり、旧八月一五日のアシビの際に拝まれたという。この場所は、現在の砂辺馬場公園の東側にある。戦後、K・T氏が戸主会長をしていた頃、その上にイビが再建された。しかし、宮平昌信氏（三代目戸主会長）が会長の時に、本来の場所ではないとされ、ガマのあった現在地に移転した。一九九七年一一月吉日に砂辺戸主会により「拝所　砂辺之龍宮神」の石碑が建立された。命名はK・T氏であった。

24〈「旧龍宮神の拝所位置」〉（図４—17番号24参照）

25〈カーバタガー〉（図４—17番号25参照）
戦前からある小さな井戸。砂辺の民家屋敷内にある。戦前は、ムラ拝みの対象ではなかったが、一九九七年頃より砂辺戸主会により旧五月五日のカーウガミで拝まれるようになった。二〇〇〇年五月吉日「拝所カーバタ井之水神」の石碑が砂辺戸主会により建立された。『北谷町の拝所』（三五頁）では、かつて若水くみがなされていたとされ、また、拝みは砂辺戸主会の旧正月のハチウガミのみと記述されている。

26〈インガー〉（図４—17番号26参照）
昔、日照りの時にずぶ濡れで帰ったイン（犬）のあとを追い発見されたという由来の井戸がある。インガーは、戦前からムラ拝みの対象であった。元の井戸は米軍用地解放後も道路で埋め立てられていた。旧砂辺住民により拝まなければいけないという意見が強く、道路脇東側をずらして採掘された。一九八九年五月吉日「拝所　犬川之井水上神」の碑が砂辺戸主会により建立された。一九九一年頃までは、旧九月九日（菊酒）の時、一九九〇年頃から二〇〇三年までは旧一月二日の初拝みと旧一二月二四日のフトゥチ拝みでも拝まれた。一九九七年頃からは、旧五月五日のカーウガミで拝まれている。《津嘉山伝道》が旧一月二日に、《宮平門中》が三月一四日と五月五のカーウガミで拝んでいる。『北谷町の拝所』（三四頁）には「近年になって戸主会が拝むようになったという」と記載されている。

27〈ジトゥーヒヌカン〉（図４—17番号27、図４—35参照）

戦前は屋号〈松田小伊礼〉の畑の中にあった。戦後は、お堂は壊れ石柱と土壁だけがイビを囲んでいた。戦前と同じ場所と言われる。一九八七年五月「拝所　地頭火の神」の石碑が砂辺戸主会により建立された。現在のお堂は二〇〇五年四月六日に地鎮祭が行われ、六月二五日に入魂式が行われた。一九九一年ごろまでは、旧九月九日の時に菊酒が供えられていた。一九九〇年頃から二〇〇三年までは旧一月二日の「初拝み」と旧一二月二四日の「フトゥチ拝み」でも酒・花米・線香等が供えられていた。現在、砂辺戸主会としての拝みはない。

28〈**イヒヤウトゥーシ**〉（図4―17番号28、図4―36参照）

戦前は、「イハガミ」「イハガミヌウトゥーシ」と呼ばれ、小さな広場に岩があり、その岩を背にしたイビ（拝所）があった。現在は、コンクリート製のお堂に香炉が一つある。一九八七年、砂辺戸主会により「拝所　伊平屋ウトウシ神」の石碑が建立された。命名はK・T氏であった。戦前はカンカー祭祀の時の牛骨を挟んだ縄を置く場所でもあった。現在は、伊平屋ウトゥーシ祭祀のみで、根所の家人により拝まれている。一九九一年頃までは、旧九月九日（菊酒）、一九九〇年までは、旧一月二日の初ウガミと、旧一二月二四日のフトゥチ拝みを戸主会で行っていた。戦前の本来の司祭者は、ウミキー・ウナイと呼ばれるムラの神人であったと言われている。

29〈**ウフシヌシー**〉（図4―17番号29、図4―37(a)・(b)参照）

〈クシムイ〉（集落の東側に位置、根所の後方の小高い丘）の頂上部上に位置する。〈ウフシー〉（大岩）と呼ばれている岩が祭祀対象である。『砂辺誌』では、この拝所の由来は『琉球国由来記』（一七一三年）

図 4 -35　拝所・地頭火の神

図 4 -36　拝所・伊平屋ウトウシ神

図 4 -37(a)　拝所・伊平屋森・石良具御イビ

図 4 -37(b)　同拝所香炉

各処祭祀・北谷間切の項目に「神名、イシノ御イベ」「伊平屋森　砂辺村」と記され、また、尚王一九年（一七三一）に編集された『琉球国旧記』嶽・森・威部の北谷郡の項に、「伊平屋森　神名曰石良呉威部」としてその記述がある。

現在、自然石の南側・西側は砂辺戸主会によりコンクリート敷で整備されている。ウフシヌシーには香炉が二個置かれているが、一つが、砂辺戸主会の拝む香炉となっている。拝所の整備にともない、一九八八年五月に「拝所　伊平屋森　石具御イビ」と刻まれた石碑建立された。現在、ムラとしての拝みは、砂辺戸主会によりムラシーミー（村清明・旧三月一三日）のみである。一九九〇年頃から、二〇〇三年までは、旧正月二日の初拝みと旧一二月二四日のフトゥチ拝みを砂辺戸主会で行っていた。また、津嘉山伝道門中が門中シーミーで拝んでいる。『北谷町の拝所』（同三一頁）の記述では、このクシムイのウフシーでは、かつての今帰仁や伊平屋へのお通し拝みが行われたというが詳細不明と記されている。

＊

これまで記述してきた砂辺の聖地に関して若干の補足と考察を加えておきたい。

一九五四年以降、旧字砂辺の多くは米軍用地から返還されたものの嘉手納基地の離着陸侵入コース下に位置し、爆音問題で旧字外に多くの世帯が移転せざるをえない状況下に置かれてきた。こうした基地周辺の聖地・神行事の伝承について、下記にまとめてみた。

まず、この地域の第一の特色は戦後に創立された砂辺戸主会による拝所の再整備と保存である。その他の基地接収後の返還集落に比べ多くの拝所が、砂辺戸主会により整備され、多くの年中行事も復活してきた。米軍用地占領時代に破壊され、あるいは埋められていた井戸・湧き泉他、多くの拝所も再整備され、根所（草わけ屋）では、伝統的神行事も継続してきた。その過程と要因には、まず、旧字住民の共有財産を基盤とした祭祀保存活動と帰属意識がある。昭和四〇年代にかけて一部合併字住民や新住民の転入世帯数が増加した。一九七四年（昭和四九）時には行政区砂辺の約五〇〇世帯数の内、旧砂辺住民は一七五世帯であった。結果、一九七四年に「旧字砂辺戸主会」を結成している。その事業目的は次のとおりである。（1）会員相互の親睦（2）祭祀に関すること（3）拝所等の新増築及び修理に関すること（4）育英事業および教育振興事業に関すること（5）字財産の管理に関すること（6）慶弔見舞金に関すること。以上である。この内、共有地として登録されているのは墓地・原野・道路などの土地四四五万九六九七平方メートルのほか、建物として神屋などの拝所が七二一〇平方メートルを占めている。会計・予算上も、平成二七年（二〇一五）度の収支決算の内訳を見てみると拝所・整備予算が多い。砂辺戸主会への主な収入は基地接収地の軍用地料（約二〇〇〇万円）と民間地への字地貸し出し賃料（約二〇〇万円）である。支出項目で多いのは、拝所維持管理費（一七三万円）、神屋維持管理費用（八〇万円）、祭事費（一二〇万円）となっている。二〇一七年四月に同戸主会は、それまで、代表三名により共有財を登記してきたが、「一般法人砂辺戸主会」としてより恒常的な法的団体として再生した。

この砂辺戸主会に加入する資格は、以前より、旧字の戸主および、その分家戸主としている。仮に地籍書類等がなく海外移民者が戻ってきた場合の加入資格について現戸主会長にインタビューしてみたが、砂辺戸主会には、旧屋号名も保存され、その屋号は旧字民には記憶されているので混乱はないとのことであった。

つまり、戦前に旧字地に屋号をもって居住していた戸主とその分家の子孫が加入資格を持つ独立性の高い集団ということになる。この砂辺戸主会の主たる目的は旧村落の聖地・行事の保存にあるが、現在、居住する砂辺地区の住民、すなわち砂辺自治会と排他的・対立的な団体ではなく、むしろ自治会活動の主たる助成団体として活動している。戸主会予算の中で、もっとも支出が大きいのは、住民への慶弔費（六〇〇万円）であり、ついで老人クラブ・婦人会・青年会・自治会・しなび会・公民館祭り費（合計一六〇万円）・敬老会費（一一八万円）への助成である。

さて、この砂辺戸主会が、基地接収により荒廃した拝所の整備は、前述のとおり、昭和六〇年代より本格化している。砂辺戸主会という旧集落の地縁と血縁を通じたムラ財産の保守と旧聖地の再生と整備は、表裏一体の関係がある。つまり、本書のはじめに沖縄の〈シマ〉のことを述べたが、その意味内容からすれば聖・俗両世界を包摂する旧集落空間の再生とも言える。

次の砂辺集落の聖地復興にみる特徴は「正統化」のプロセスである。筆者は、戦後、砂辺地区で建立された舎屋・祭祀対象物、香炉・掘り起こされた井戸、古墓、由来を刻印した石碑資料、文献資料や聞き取り資料と共に、現在の「砂辺の聖地」をみてきた。こうした、基地返還地で観取される特質を見極めるためには、「聖地の正当性」のプロセスを今後、精査する必要があると思われた。それは文化当事者の「信仰対象としての揺らぎ」であり、村落祭祀対象への「知識の拮抗」でもある。「知識の拮抗」という理論的枠組みは渡邊欣雄（一九九〇年）『民俗知識論の課題』第一章「民俗的知識の動態的研究」（一二―六四頁）に依拠している。ここでは深く立ちいらないが、現在のデータからみてとれる傾向性の指摘にとどめておこう。

戦後の米軍基地から返還された土地・聖地の復興は、ある意味で白紙の〈シマ〉空間の再生であった。沖縄の他の返還地域と同様、旧字の村落景観は変わり、その後の都市整備計画は、旧住民の〈シマ〉とは異なる形で開発が進んだ。そうした中、旧字の聖地の復元過程は、残された丘・井戸・樹木他の自然対象のモノ他、旧住民の記憶に依拠するしかない。砂辺地区の場合、昭和六〇年代に開始された砂辺戸主会による拝所の整備は、一つのエポックになりえた。当時の戸主会会長の命名による拝所の整備・石碑が多く建立された。しかしながら、その後、祭祀対象が個人・門中・村落祭祀レベルなのか旧字住民の記憶と伝承の中でも議論されつつ、その後の戸主会の意見により、村落祭祀行事から外されたもの、あるいは復活した聖地も少なくない。もともと、戦前は聖地・拝所は神行事執行の数人の神役と部落会役員と有力門中により管理され、村落祭祀には部落住民の多くが参加していた。名称・由来伝承は古老達の口頭によるものであり拝所の名称・意味に異論などなかったという。

戦後の砂辺の拝所整備・復興は、砂辺戸主会の発足とその拝所整備事業による所が大きい。その昭和六〇年初頭には当時の砂辺戸主会の中でも議論をよんだが、村祭祀対象として確定し石碑に刻印された名称がついた。一九八七年度から八八年に整備された初期整備の拝所は、旧字の重要聖地からであったから当然、その聖地に関する旧住民の信仰対象としてのコンセンサスを得たものが多かったと予想される。しかし、その村落祭祀行事と拝所の正統性は、その後、世代交代した戸主会長により揺らぎムラ清明祭からも除外されたものもある。

聖地の格づけとも言えるムラ清明他の村行事の巡礼対象の位置づけ等の変化、すなわち「信仰対象としての揺らぎ」について、いくつかの事例を紹介してみよう。

まず、「揺らぎない聖地」の一つとして米軍施設により破壊されなかった〈クシムイ〉（旧集落内でもっとも高い丘）にある〈ウフシー〉（大岩）の拝所がある。戦前の地形・自然物に関する記憶と旧住民の伝承から神聖化・正統化されてきた頂上部に残された自然石を御神体として祀っている。また、この山の裾野にある〈トゥン〉は戦前、平安山ノロがウマチ祭祀をした場所の由来があるが、一九九四年に砂辺戸主会により「拝所砂之辺殿」の碑が建立され、根所だけで拝まれていたものが、二〇一三年よりヌールの拝んでいた拝所を拝まなければならないとして旧二月の村清明でも拝むようになった。聖地の格上げである。

戸主会の村行事の参拝の起点となる〈ウカミヤー〉「御神屋」周辺の拝所も通時的に神聖化された正統性を担うものである。一九七四年に戸主会で根所の敷地内に別棟が建設された「御神屋」は、立地する根所そのものの場の意味と草分け家のもつ系統・血筋そのものに正当性があり、隣接する〈ニガン〉（火の神）も同様である。

根所に近接する御嶽一帯の拝所も、その場の持つ正当性から村祭祀の対象として継続してきたものが多い。御嶽入り口にある〈ウタキガー〉（ヌールガー）、御嶽の丘の頂上に戦前から祠があり村落祭祀の中心である。しかし、改築された一九八八年五月に「砂辺御嶽　拝所　照神」の碑が第二第戸主会長命名により漢字があてられ建立され、「テラシン」「テラガミ」と呼ぶようになったという。根所神役や古老によれば、以前は〈ウフスーヌハ墓〉（大主の墓）と呼んでいたという異論もある。さらに御嶽内の聖地にも信仰対象としての揺らぎがみられる。〈大里ムチウリ之墓〉、〈村グサイ之墓〉と呼ばれる古墓は、一九八八年五月に戸主会により整備され石碑と香炉が建立され村清明でも拝まれた。しかし二〇〇八年頃より、戦前から墓はなかったとされ村清明で拝まなくなり戸主会行事からも外された。信仰対象の正統性への再解釈であり、村落祭祀から格下げの典型例であろう。いっぽう、近くにある、〈トゥン〉は戦前、平安山ノロがウマチ祭祀をした場所という拝所がある。一九九四年に砂辺戸主会により「拝所砂辺之殿」の碑が建立され、根所だけで拝まれていたものが、二〇一三年よりヌールの拝んでいた場所を拝まなければならないとして旧三月の村清明でも拝まれようになった。ノロ伝承の正当性による村落祭祀への近年の格上げである。

井戸・湧き水・川・古墓の聖地に関しては、正統性に関する「揺らぎ」が多くみられ、祭祀対象としての格づけの変更がみられる。

〈カーバタガー〉という井戸は、戦前は、ムラガミの対象ではなかったが、戦前の姿が残っていたので二〇〇〇年に「拝所　カーバタ井之水神」の碑が建立され砂辺戸主会のカーウガミ（旧五月五日）に拝むようになった。〈トーガー〉は米軍により埋められていた井戸であるが、ある人の眼病をきっかけにユタの託宣で掘り起こされ、その後、一九九七年頃よりカーウガミで拝まれるようになり二〇〇二年には砂辺戸主会により「拝所　唐井之水神」の碑が建立されている。正当性の根拠に前者は井戸の保存性、後者にはユタの託宣が関与した事例であろう。また〈カーナリンドーガー〉は、戦前、農作業の帰りに芋や手足を洗っていた井戸であったが、一九九七年ごろより水の神として〈カーウガミ〉で拝まれるようになり、二〇〇〇年「拝所　加那伝通水之神」の碑が砂辺戸主会により建立された。しかし、二〇一二年からは、戦前はムラ拝みの対象ではないとされ、砂辺戸主会の拝みから外された。この井戸は住民の信仰対象としての揺らぎによる降格事例であろう。

古墓の中には由来も不明の中、村行事に組み入れられたり外されたりしたものがある。〈ウチャタイウメーヌ〉と呼ばれる古墓は戦前、拝所というより怖い無名の墓地だった。二代戸主会長により墓が発掘され、一九八五年「拝所　ウチャタイウメー之墓」の石碑が建立された。以後、村清明で拝まれたが、二〇一二年・一三年にかけては、戦前はムラで拝むことはなく、個人の墓であるとして村清明から外された。二〇一四年からは、戸主会の拝みが、再度復活している。

さらに戦前の由来とは別途、戦後、創設された思われる拝所もある。

〈クマガーヤマ〉は鍾乳洞である。戦時中、旧住民が避難し全員が助かった避難壕であった。米軍の基地化により埋没していたが、避難していた元住民の整備意見が上がった。一九九五年五月には戸主会により「クマヤーガマ納骨拝殿」の石碑が建立され、洞窟内も整備された。以後、霊域として村清明での拝み対象となっている。また、戦前はなかった拝所の典型として〈踊神之ヌ墓〉がある。一九八一年に砂辺公民館を建築する際に出土した人骨を祀ってある。その場所が戦前の〈ムラアシビ〉（村の芸能・集会の広場〉であったことから、二代戸主会長が〈ウドゥイガミ〉と名称した。一九八八年五月に戸主会により「踊神之墓」の石碑が建立され村清明で拝まれるようになったが、二〇一三年に個人の墓であるとして戸主会の拝みから外されたが、現在は、ふたたび、砂辺戸主会の拝み対象に復活している。

以上、いくつかの聖地・拝所の設置経過を再読して見ても、その拝所の正統性による、村行事・村落祭祀への格付けの揺れが見られるわけである。旧字つまりは旧〈シマ〉の信仰対象とは、元々、個人・門中・村落レベルのものが内包され、部落役員と神役により執行されていた村落行事は沖縄戦・基地接収・白紙のムラの大地として返還、そして帰村、その後拝所整備が開始される一九八五年までの約四〇年以上の年月を加味するならば、当然の結果とも言える。また、その再整備には、多様な知識量・知識性質のレベルの拮抗性が存在し、旧〈シマ〉空間の再生が現在も進行中であるのであろう。

以上、聖地の戦後の再生に見られて知識性質に留意しながらも砂辺の聖地をふり返ってみた。本節の結びに「知識の正当性」と揺れという観点から砂辺で気づく点を若干ながらまとめておく。

①米軍施設化の後、大きな破壊を免れていた、丘・樹木・岩・自然石等の聖地は旧住民の公共的な正当性を保持した聖地として存在している。先の〈ウフシー〉他であるが、住民にとっては自明の理であり「慣例的」知識の正当化の中にある拝所と思われる。

②「根所」とは、草分け屋であり、その家人の女性が代々、神役隣村の神行事を執行してきた。この「根所」の家屋は戦前の位置に復旧し、「神屋」が戸主会により整備された。根所の現戸主の

叔母（七八才）が亡くなる二〇一六年秋まで、旧砂辺根所の神役は、継承していた。砂辺戸主会の村行事の全てはこの神屋を中心に執行される。根所のもつ象徴性が、その正当性の根拠となってきたことは旧字民のすべてが認めるところの知識の正当性がある。その根拠は「慣例的」（自明の理）であり、また「象徴的」知識性質に支えられている。

③御嶽一帯も大幅な基地化による破壊を免れた場所であり、御嶽内に存在するノロ由来の井戸・砂辺拝所・殿内そのものは、「慣例的」な知識を超えて「象徴的知識」に支えられて存在していると思われるが、御嶽内にある古墓は、戸主会長の交代により、「個人の墓」「昔はなかった」等の知識拮抗を経て、その正当性が喪失したものもある。

④井戸・湧き水・川の聖地、カーの神に関しては、米軍により埋め立てられた後に、掘り起こされたものも少なくない。結果、その正当性を巡る多様な「知識の拮抗」がみられる傾向にある。また、一部には、ユタの関与による掘り起こしの結果、聖地として復活した事例も見られる。こうした「水の神」については、個人・門中・村落レベルの正当性の困難さをみてとれる。整備の進んだ一九六〇年代には、もはや井戸・川と生業・生活は無縁のものになっていたし、その正当性は個別の住民の記憶に頼るしかないからである。

⑤戦後、新たに創設された拝所もある。戦争中、避難壕として住民の命を救ったとされる〈クマヤーガマ〉は、その後の発掘経過の後の聖地化は、「実用的」知識性質による正当化そのものであり、現在、村落祭祀対象としての拝所である。このガマ内には新たに「リュウグウ神」が祀ら

れ、近年では学校の平和教育の場ともなっている。
以上、聖地の戦後の再生に見られた知識性質に留意しながら若干ながら聖地の問題を補足した。しかし、この課題を沖縄における「信仰の変容」・「記憶と伝承」といった一般論に昇華するのではなく、〈シマ〉空間を奪われた人々の聖地回帰の動態として今後も記録してゆきたい。

《注》

（1）砂辺地区の歴史・聖地と年中行事等は二〇一六年一〇月『砂辺誌』に詳細にまとめられている。本章の記述はこれを適宜、参照した。また、前出の『北谷町の拝所』も合わせて参照した。
（2）第二種指定区は騒音測定単位九〇デシベル以上、第三種は同九五デシベル以上の地区である。旧砂辺地区の騒音指定区域内の居住者等に関するデータは、図4—2参照。また爆音差止訴訟の一連の流れに関しては、『砂辺誌』五九九—六〇三頁を参照した。
（3）『砂辺誌』の主に一一三—四三頁を参照した。

おわりに

本書では、軍用地として接収された旧字の戦後の集落移動とその聖地の現在を中心に述べてきた。

本書のおわりに、各章で述べきれなかった聖地の保存や祭祀行事の継承をになってきた個人・共同体、自治会や故郷を離れて結成された郷友会の研究について補足し、筆者の今後の課題を述べておきたい。

まず、基地と聖地の問題は沖縄戦後の米軍政府および米国民政府の沖縄の土地接収が大きく関与してきた。ここでは概説程度にしておくが、おおよそ次のような経過であった。

戦後、沖縄の土地を軍事的に自由に占有していた米国民政府は、サンフランシスコ平和条約発効（一九五二年）後、軍用地料の賃貸契約を結び、軍用接収地への補償を進める必要性が生じたが、一九五三年には、土地収用令が公布され、土地所有者の同意なしに、米軍の収容宣言のみで軍用地の新規接収が可能となった。いわゆる「銃剣とブルドーザ」の強制収用である。さらに、その補償は一括払いによる「無制限使用料」条件が一九五四年に発表され五六年に米下院軍事委員会報告（プライス勧告）が出ると、沖縄県民は「島ぐるみ土地闘争」を県内各地で展開しこれに抵抗した。当時の琉球立法院は全会一致で抗議決議を採択しアメリカ側の一括払いの撤回を求めた(1)。その後、一九七二年の祖国復帰後の軍用地は日米安保条約にもとづき日本政府が沖縄の地権者の土地を借上げ、軍用地として米軍に提供している。各字レベルの共有財産としての基地内の軍用地料は、防衛省の防衛局予算より支払われる形となっている。日本本土の米軍基地も同じであるが、沖縄の米軍基地の特徴は国有地だけでなく、自治体や個人が所有している比率が高く、県の調べでは私有地が約三割占めているという。

このように述べてくると、日本復帰後はスムーズに土地権が移行したかのように聞こえるが、現実は全く異なってきたし基地接収の時期や方法も各地で異なっていた。沖縄の基地問題と政治・経済をここで取り扱う余裕はないが、戦後の沖縄における不条理な土地収用を扱った論考は単著のみでも森宣雄『地《つち》のなかの革命―沖縄戦後史における存在の解放』（現代企画室、二〇一〇年）、川平成雄『沖縄　空白の一年―一九四五～一九四六―』（吉川弘文館、二〇一一年）、平良好利『戦後沖縄と米軍基地―「受容」と「拒絶」のはざまで―一九四五～七二年』（法政大学出版局、二〇一二年）、鳥山淳『沖縄／基地社会の起源と相克　一九四五～一九五六』（勁草書房、二〇一三年）他、多数にのぼる。また、本書で記述した読谷村では、読谷飛行場の奪還・返還を巡り様々な基地内の地権や環境問題が戦後、長く継続してきた。元旧読谷飛行場用地所有権回復地主会長・島袋勉『闘いの記録―旧読谷飛行場用地所有権回復運動』の冒頭には、昭和一八年（一九四三）、県警察を同伴して説明にきた日本軍人により旧読谷国民学校に地主が集められ「基地建設に反対するものは国賊として処罰する。戦争が終われば土地は地主に返す」という証言記録が掲載されている。戦後、広大な米軍基地となった読谷村のその後も地権の回復は、地域住民が米国・日本政府を直接に対峙した土地闘争の歴史でもあった(2)。また、本書でとりあげた北谷町の村落移動や聖地の背景にある基地用地接収・軍用地も同様の歴史を抱えている。

二〇一八年夏に北谷町の軍用地主会長へインタビューしたが、北谷町軍用地主会『平成三〇年度会員総会議案書』の資料には沖縄県防衛局長宛の意見書が添付されている。内容は軍用地料が北谷町の地価上昇に比して、低すぎる査定であることへの要望書であった。さらに、本書、四章に紹介した、砂辺地区の戸主会の軍用地の問題はさらに複雑に思える。基地内に軍用地を持ちながら、一部基地用地の返還で旧砂辺集落の再生を意図したものの、一九六〇年代以降の嘉手納空軍基地からの軍用機の離着陸は生活限界を超える爆音・騒音被害をもたらし、その代償として沖縄防衛局は住民移転の政策として土地・屋敷の一括買い上げによる土地買収と住民移転の方策をとった。これにより住民の半分は移転したが、逆にいえば住民の半分は移転しなかったのである。この騒音訴訟は現在も係争中である。

これら軍用地と文化あるいは基地問題についてはいずれ別稿にまとめるとして、以下では基地内および基地周辺に存在してきた旧集落の共有財産や年中行事・聖地の維持をになってきた郷友会や字自治体とコミュニティについて補足したい。まず、沖縄の郷友会にいち早く着目した石原昌家の『郷友会社会―都市のなかのムラ』（地域社会学叢書V　ひるぎ社、一九八六年）、「南島現代社会論への誘い―現代沖縄の郷友会社会―」『南島文化への誘い』（沖縄国際大学公開講座七、一九九八年）から本書に関わる聖地と共同体論を紹介しておきたい。

まず、石原は序文（同一九八六年、九―一〇頁）で、戦後の沖縄民衆運動の時期区分を次のように区分している。

①一九五〇年前後：「大密貿易時代」＝飢餓状況を脱するための戦果と密貿易に生活の糧があった時期である。戦果とは米軍基地からの流出品の売買のことである。

②一九五六―五七年：「島ぐるみの爆発」＝米軍の土地接収に対する反対闘争であり、戦後初めて米国の統治政策に真っ向から抵抗運動を展開した時期。

③一九七〇年前後：日本復帰運動が、本土の沖縄返還運動と連動して沖縄闘争と称されるようになったときであり祖国復帰協議会という巨大組織の中で大衆行動が本土の大衆運動にも影響を与えた時代。

石原はこうした区分を前提に、一九七二年、日本復帰以降の沖縄の政治・経済・文化へ本土化の波がよせ、沖縄の独自性が急速に失われていった時期と位置づけしている。そして沖縄の戦後において都市労働者として他出し都市部で結成された郷友会の歴史と機能を分析する。石原自身の出身地であり普天間基地に接収された結果、形成された「宇宜野湾郷友会」の分析から単に都市部へ流出した同故郷を共有する人々の互助協同ネットワークとは異なる「もう一つの郷友会」（我がふるさとは基地のなか）に着目している。

宇宜野湾の戦前の居住地は普天間基地として接収されている。旧住民の移転先は宜野湾内であり、かつて農耕を営んでいたところの開拓地域でもある。その後、そこには当然、基地労働者としてあるいは都市化に伴う「他所者」と呼ばれる移入世帯が混在することになるが、自治会費や公共の市街地整備等に旧部落・字民の積み立てる軍用地料を全て充当し続ければ、すぐに枯渇することになるので、自治会費とは別の特別会計としてきた。

また、郷友会の保持する軍用地料によって維持される伝統行事や文化財の維持・保護費は、郷友会の組織の会則「昭和二〇年に字宜野湾に本籍を有した者とその子孫」の共有財産からまかなわれ、他者と同じ行政区内で共生する中の「存在証明」としての郷友会活動を記述している。(3) これは新たに参入してきた新住民が、いずれ将来、宜野湾を故郷とする日まで、つまり普天間基地の返還まではこの存在証明が必要とされるのであろう。

こうした状況は、筆者が記述してきた北谷町の基地内に聖地を残す移転集落、字桑江、字北谷や砂辺他の郷友会の説明にも合致する点が多い。また、石原は郷友会研究の特質を次のように述べている。「村落社会では農業危機によって人口流出が相次ぎ、過疎化が進行して崩壊の危機にさらされ、…（中略）…、数百年の伝統文化・行事の危機ないし消滅を意味するかにみえた。ところが、逆に過密化した都市地域に消滅ないし崩壊過程にあるムラが、その出身者で構成する郷友会組織として『擬似的共同体』的に存在している。そしてムラの伝統的文化・芸能の維持・継承に努めている。しかもゲゼルシャフトとしての都市社会の中にゲマインシャフト、即ち共同体結合関係を持ち込んで『われらの社会』を築いて政治的、経済的活動をしているのを研究するところにこのテーマの特異性が存在している」(4)。石原の説明を大幅に引用したのは、戦後の沖縄社会の質的変化を適確に表現しているからと思われるからである。石原のいう「擬似的共同体」なり「擬似ムラの活性化」としての郷友会(同一九九八年、六三―七六頁)の説明を、ここに筆者なりに調査地のデータから人類学的用法に置き換えてみたい。

かつて「伝統的村落」において、個々人が出生した土地の地縁・血縁・親族関係その他の人間関係や互助共同組織、そして御嶽などの祭祀的空間が生活空間と共に合致していた時代、つまりは「伝統的村落共同体」=シマ社会が大地と共にあった時代、そして戦争、その後の強制移転ほか多様な国家的暴力・社会的な外圧により変化を余儀無くされた共同体の質的変化とはなんだったのか。

筆者は本書のはじめに「シマ」とは「生活空間としての家・屋敷・田畑の耕作地・井戸・川・墓・山林のみならず、火の神・水の神・ノロ殿や御嶽ほか多くの宗教的な聖地やそれに付随する空間が含まれている。だから、シマは、聖俗一体を包摂するムラ全体の世界観も含意している」と述べた。聖俗一体の共同体とは、聖なる空間(御嶽他の聖地と信仰)と俗なる生活空間(居住・生業)の共時的存在空間と集団のことをいう。戦後の沖縄の基地建設は、この空間・集団を歪めた構造に変容させた。生活空間の居住区域は別の場所に移動したり、旧住民は遠く離れ分散して居住している場合もある。

一方で、かつての拝所・聖地は軍用地の中に接収され時間を止めたように鎮座している。この聖・俗のねじれて歪んだ空間と時間あるいは社会構造が軍事環境下にある沖縄の現在の共同体の一断面の姿でもある。

本書で述べてきたような聖地の保存、年中行事・伝統文化の継続が、かつての大地とは異なる空間で遂行を余儀なくされている姿は、まさに基地用地の内と外に広がる「擬制されたシマ」の行為遂行と言えるのかもしれない。さらに下勢頭―基地に消えたムラ―の事例などは、もはや、かつてのムラの大地は広大な嘉手納空軍基地内であり郷友会によって維持、語り継がれる伝統文化とは、もはや「仮構としてのシマ文化」[(5)]の行為遂行とも表現されるかもしれないが、そこには、いずれ基地返還の日までの仮りの文化や聖地の継承のエネルギーが未返還地を持つ字（旧村落）の自治体や郷友会活動の深層に流れていること、そして、そのことに戦後、沖縄文化の変容と再生における重要な課題があることについて再認識しておきたい。

また近年、郷友会をめぐる社会学の議論が活発化しているという。例えば、難波孝志「沖縄軍用跡地利用とアソシエーション型郷友会―郷友会組織の理念と現実―」（『社会学評論』六七（4））では、キャンプ瑞慶覧の一部返還跡地に出現した商業施設イオンモール沖縄ライカムの建設をめぐる元住民の郷友会の特質を記述している。彼は石原昌家（一九八六年）、戸谷修（一九九五年）[(6)]他の郷友会の分析を再考しつつ、従前の都市移住者によるコミュニティ型郷友会と軍用地と共に発生した利益集団としての郷友会をアソシエーション型郷友会として分類区分している。また、基地の返還に伴う軍用地料としての利益集団、つまりアソシエーション型郷友会の経済的機能の消失後の「シマ結合のゆるぎない存続」という過程に着目している。難波のいうシマ文化とは、この基地返還地に保存・整備される拝所等のモニュメントである。

さらに那覇市の住民組織を自治会と郷友会の対比とその出身地へのこだわり、アイデンティティを論じた黒田由彦（二〇一三年）[7]は次のように述べている。都市住人が「出身地に対する底で支えているのは宗教的観念ではないかと思われ」ていても「シマ人にとって聖なる空間は自分が生まれ育ったシマにしかない」。「それを見失うことは、アイデンティティの崩壊に繋がる。」「寄留民」と言う言葉には「一時的に住んでいるにすぎない〈中略〉いつかは本来の場所に帰って行く存在であるという意味がある。」「沖縄の人々が時に見せる激しい闘争心と団結力も、聖なる空間を含む土地が侵されていることに対する抵抗である」と述べている。

これらの一連の社会学的論考が、「シマ空間」や聖地の維持や機能に再び注目しつつあることは従前の人類学的な沖縄社会の見方と軌を同じ方向にしつつある。ただ、これらの議論中に常に存在する社会学的用法でのコミュニティなのかアソシエーションなのかの二項対立的な分類が過去・現在の「郷友会」あるいは今後の共同体の姿を説明するにはもはや有効な方法には思われない。理論上の問題だけではなく、米軍基地の建設によって戦後、出現した多くの郷友会だけを見ても、そこには多様性があり、その組織・性質・成員の構成は、旧集落地の基地接収の時期・方法、部分的なのか全面的なのか、居住区域か耕作地であったのか、また軍事基地の機能によっても異なるし、さらに返還時期、返還面積、軍用地の財産権他、多様な条件が現在の郷友会の機能を規定している側面もあるからである。再び、先の石原昌家の言う「ゲゼルシャフトとしての都市社会の中のゲマインシャフト」に関して補足しておこう。

石原のこうした理解は表現は近年の都市人類学の海外での研究視点に近似しているように思える。例えば吉岡政徳（二〇一六年）は、メラネシアの島々で、植民地として欧米列強が開発し発展した都市部においての伝統的共同体を背負いながら多様な地方から都市に流入した社会に注目する。ヴァヌアツの事例から、「出身地別のゲマインシャフト的共同体が相互にゲゼルシャフト的関係を作りだしているという。また、異なる複数のゲマインシャフト的共同体がカテゴリー関係においても構造的関係において相互に関連しているのがゲマインシャフト都市のあり方である」と新たに出現している共同体について説明している。(8) こうした海外での事例研究を直接に沖縄の基地周辺の共同体や基地建設によってできた郷友会を比較することには違和感があるが、沖縄の基地周辺のタウンに見られる米国軍人・軍属やその家族が多く居住する都市文化や景観、そして同時に沖縄の各地方から住みつき、やがて定住して作られる「もう一つの共同体」や文化とは何か、いずれ検討してみたいと考えている。

こうした都市文化論とは別に、近年の、人類学におけるコミュニティ論の展開はダイナミックな示唆に富んでいる。従前の共同体概念を批判・再検討しつつ新たなコミュニティ研究が登場している。その中の一つの方法・概念として沖縄の共同体に関わると思われる「実践のコミュニティ」論について、最後に若干紹介しておきたい。

とりわけポストモダン的な造語が終焉した現在、人類学から、再びフィールドワークの現場から組み立てられた竹沢尚一郎や田辺繁治の一連の論考である。

竹沢尚一郎は、『社会とは何か―システムからプロセスへ』（二〇一四年、竹沢）の中で、社会学・

社会思想における共同体論の類型論をシステム論としての限界性を整理した後、次のように述べている。ゲマインシャフトかゲゼルシャフトかの二者択一的論ではなく「むしろ社会とは、多様な諸個人と多様な構成原理をもつ諸集団が、自分たちの生の環境をより良きものにするべくせめぎ合う場であり、そうした行為が行われるひとつの競合的なプロセスであると考えるべきではないか。」「私はコミュニティの語は、田辺にならって限定して用いるべきだと考えている。生活の共同とたがいの身体への関心、そして深い情緒性にもとづいた複合的な関係性のみをコミュニティと呼ぶべきだと考えるのである」（同一六二―一六七頁）。

ここにいう田辺繁治（二〇〇八年）のコミュニティ概念は次のとおりである。(9)「社会構造や資本主義システムが抽象化された超越的モデルであるのにたいし、コミュニティは権力作用による抑圧や排除、あるいは葛藤、抵抗や交渉などの相互作用がくり広げられる『状況』あるいは現場にほかならない。そしてなによりもコミュニティは程度の差こそあれ、生の苦悩を乗りこえて自らを変えていこうとする潜勢力が抑圧され、あるいは噴出する場である。コミュニティという状況それ自体は記述の対象であるとしても、けっしてモデルではありえない。こうした人びとの生の実践をとらえる枠組みであり状況としての多様なコミュニティは、それぞれの特異性と歴史性をもっている」（田辺、同八頁）。そして田辺のいう日常的実践とは、「ひろく定義すれば、それは社会的世界と個人の経験との関係の中で構成される全ての人間行為である。より人類学的関心に絞れば日常的実践とはさまざまな社会、文化のなかで、あるいはそのあいだで差異化しながらも、日常生活のすべての場面で見られるルーティン化された慣習的行為」である（田辺二〇〇二年、三頁）。竹沢や田辺の新たなコミュニティ概念は、閉鎖的・静態的な共同体や集団のみを意味するものではない。竹内は水俣病患者の世界と外部社会との関係で、田辺は北タイのエイズ自助グループで読みとった国家あるいは外部より抑圧された側のコミュニティ内部のもつエネルギーの説明原理のように思える。

これらを前提とするなら、本書の事例としてとりあつかった社会や集団、つまり基地用地に接収され強制移転を余儀なくされた住民の基地返還運動、島ぐるみ土地闘争、あるいは平和な文化ムラづくり構想、基地化によりかつての村落共同を消失した後も聖地への巡礼や年中行事を慣習的に遂行する人間関係、またそこに存在してきた集団（公民館・自治会であれ郷友会であれ任意の市民団体であれ）を、竹沢、田辺のいう意味において〈実践的コミュニティ〉とも言える。

〈生まれジマ〉の伝統的村落でくらしてきた農村社会は、一九四五年四月一日の米軍上陸により破壊しつくされ、その後も、基地化にともなって村落は強制移転せざるをえなくなった。軍事環境下に置かれ続けてきた沖縄における「コミュニティ」の現在は、その奪われた故郷の奪還運動であると同時に過去の〈シマ〉の時間・空間の回帰を意図した文化継承・再生の活動の場のようにも見える。

以上とりとめもなく関連する先行研究を紹介してきた感があるが、いずれにしても、沖縄の基地と聖地の課題を考える時、かつての伝統文化や聖地を維持継承する人々を結びつける根源的な絆を説明する核心を模索中であり、それが本書の残された課題でもある。

また、どのような用語や概念が浮かぶとも、本書で描きたかったのは、基地の内と外に継承される聖地のその保存に尽力する人々のエネルギーの現在である。基地に消えたシマの移転先の拝所の看板に記された「当分の間ここに合祀する」という文字は移転者の心の底に潜在してきたエネルギーである。そして、強制移転村に共有される意識、「故郷の返還は諦めてはいない」の言葉には、かつての家・屋敷・耕作地・大地・山林・墓のみならず、井戸・川・土地の神、火の神、その他諸々の神の宿る御嶽他の神行事を包摂する〈シマ〉空間への回帰が含意されていると思う。

「諦めない」、この言葉と共に本書を終えたい。

《注》

(1) 戦後の不条理な基地用地接収の法的問題と地域住民の土地収用反対の経緯については、新垣勉「米軍基地と日米地位協定―問題点と改正の方向―」二〇〇六年・五七―七九頁、『基地をめぐる法と政治』沖縄国際大学公開講座一五の記述を参考にした。また土地収用問題については鳥山淳　二〇〇七年「沖縄／基地社会の起源と相克　一九五四～一九五六」勁草書房（一九三―一九四頁）に詳しい。沖縄の土地強制収用と住民運動の詳細は基地接収の時期や用途においても各市町村で異なるが、その詳細は各字・町・村史に記載されていることが多い。

(2) 山内徳信著、一九九八年『叫び訴える続ける基地沖縄　読谷二四年―村民ぐるみの闘い』那覇出版社他に詳しい。

(3) 石原昌家『郷友会社会―都市のなかのムラ』（地域社会学叢書Ⅴ　ひるぎ社　一九八六年）、「南島現代社会論への誘い―現代沖縄の郷友会社会―」『南島文化への誘い』（沖縄国際大学公開講座七、一九九八年）を参照した。なお石原の宜野湾郷友会の最初の著作は「宜野湾郷友会」『青い海』に掲載されている。

(4) 石原昌家、一九八六年、一〇頁より引用。

(5) 「仮構」とは渡邊欣雄による造語である。文化の変化や動態的なプロセスの中で人々の意識、創造する文化とは何かをひもとくキーワードある。この用語は、当初、グローバル社会の沖縄文化とは何かを考察するために民俗文化の「虚構」性ではなく創造される文化を肯定的にとらえる視点から使用している（渡邊欣雄二〇〇三年、「沖縄文化の創造」二一—一三頁『アジア遊学—特集　沖縄文化の創造』勉誠出版）。また、同氏の講演記録である二〇一八年「グローバル沖縄—ホスト&ゲスト」（九二—一二九頁）には、海外への、あるいは海外からの影響のもとで存在する沖縄文化の持つ性質を「仮構」という用語で多くの事例を紹介している。二〇一八年『国際社会の中の沖縄・奄美』（明治大学島嶼文化研究所編、風土社）を参照。本書では、コンテキストも扱う対象も異なるが、この「仮構」と言う言葉を用いた。

（6）戸谷修、一九五五年「那覇における郷友会の機能」『沖縄の都市と農村』東京大学出版会および石原昌家『郷友会社会—都市のなかのムラ』（地域社会学叢書V　ひるぎ社　一九八六年）。

（7）黒田由彦、二〇一三年『ローカリティの社会学』（ハーベスト社）の第V部「沖縄と言う場所」（二三四—三〇四頁）からの引用・参照である。

（8）吉岡政徳、二〇一六年『ゲマインシャフト都市—南太平洋の都市人類学』（風響社）二七五頁参照。

（9）田辺繁治、二〇〇八年『ケアーのコミュニティー北タイエイズ自助グループが切り開くもの』（岩波書店）八—九頁。および田辺繁治／松田素二、二〇〇二年『日常的実践のエスノグラフィー：語り・コミュニティ・アイデンティティ』三頁より。竹沢の引用は、二〇一〇年『社会とは何かーシステムからプロセスへ』（中央公論新社）一六二頁より。

あとがき

沖縄の基地の中に戦前からの聖地がまだ存在していることを知ったのは一九九〇年の夏頃だったように記憶している。そして、沖縄の米軍基地にはじめて入ったのは、一九九五年の夏だった。当時、私が勤めていた札幌市にある大学の学長が南北の学生交流をしたいということで沖縄県名護市にある名桜大学と交流協定を結んだのである。学生や教員も交流し名桜大学初代学長の東江康治先生は、我々を嘉手納基地の見渡せる丘、通称「安保の見える丘」に案内してくださった。

その後、嘉手納基地内に入り基地内のレストラン、ショッピングセンター、ボーリング場、テニスコートや野球場、アメフトグランドを見学した。北海道の学生たちはその広大さに驚いていた。その後、東京の大学に着任した翌年の一九九八年、夏のゼミ合宿（フィールドワーク演習）は、さて、どこにしようかということになった。学生時代からの友人で読谷村在住の福島泰宏君（染織工房バナナネシア代表）に相談した結果、読谷村楚辺にすることにした。宿探しのため電話した先が米軍ハウスを改造した「ゆめあーる」というペンションであり、そこのオーナーは比嘉豊光さんであった。面識のない比嘉さんに「基地のすぐ隣ですが民俗調査はできるのでしょうか」という質問をした私が、今となっては恥ずかしい。

当時、比嘉豊光さんと読谷在住の村山友江さんは、本書でも登場する『楚辺誌』を編集中で古老への聞き取りをしていたのだ。私の愚問には電話越しに「基地はあっても人は住んでますよう！」と言って、笑っていた。お二人は「琉球弧を記録する会」（比嘉康夫氏・比嘉豊光氏・村山友江氏・山城吉徳氏）をすでに結成されていて島クトゥバでの祭祀や戦争証言をまとめていた。比嘉さんは後に多くの写真集を出版し、戦争証言記録も山形国際ドキュメンタリー映画祭に出品している。「琉球弧を記録する会」には、多くの沖縄の民俗や記録のあり方について学ばせていただいた。今後共、宜しく御願い申し上げます。

本格的に基地接収による強制移転の旧集落や、基地返還後のコミュニティを人類学的に記録しようと考えたのは、二〇〇七年頃からだったが、遅々として進まなかった。理由の一つは基地内に入りにくいからである。基地関係者以外は当然、入る目的を事前申請する必要があり、許可が下りるまで少なくとも数週間以上かかるのが通常である。これ以外には、字区長等の旧住民に同伴して一時立ち入り許可証を基地ゲートで受けて基地内に入る方法があるが、十分な時間はとれない。この方法でも国際情勢の影響で基地内の警戒基準が高まる時はオールアウトの場合もある。さらに軍属家族のエスコートとして、Yナンバー（米軍人・軍属用車両ナンバー）に同乗して基地ゲートで身分チェックを受け、エスコートパスにより基地内に入る方法もあるが基地機能によって様々な制限区域の条件がある。

黙認耕作地の中に墓や拝所のある基地ではこんなこともあった。明治大学で私のゼミ生であった真栄田涼子さん（北谷町在住）は、卒業後、在沖縄の軍属の方と結婚され、その関係で軍属パスを所持している。ある日のこと、彼女の車で、基地ゲートから黙認耕作地にある拝所「火の神」を見学に行った。すると自転車に農具を乗せた七〇歳過ぎの男性が近づいてきた。「何してるのー」というので理由を説明すると、地元出身の初老は「いやー、Yナンバーだからさ、アメリカがさー、火の神なんかに興味持つのかなーと思ってさあ」と笑みを浮かべていた。彼が自転車をこぎ自分の耕作地に向かう姿と見渡す限りの畑の中の静けさ、戦前の沖縄の農村にタイムスリップしたかと錯覚するほどの初夏の風景であった。フェンスさえなければの話だが。ドライバーのみならず基地内のアメリカ人家族の生活の様子を教えていただいた真栄田涼子さん家族に、心より御礼申し上げます。

読谷村では、多くの方々にお世話になった。特に宇座の調査では与久田繁光、山内高雄、両区長の案内なしには、かつて実弾射撃場であった基地返還地に点在する拝所はわからないままであった。楚辺では池原隆前区長ならびに代々の区長や上地享氏他公民館職員の方々にお世話になった。基地内の旧集落の話を細かく記憶されていた比嘉恒健氏や、楚辺ノロ殿内を継承している大湾トキさん御家族他、多くの方々から旧集落の話をお伺いすることができた。さらに小橋川清弘氏（元読谷歴史民俗資料館館長）は村史編纂に尽力されると同時に山内徳信読谷村長のもとで総合計画・平和行政に、たずさわれた方である。本書の表紙カバーの地図は沖縄戦直前に米軍により作製された地図であり、小橋川氏所蔵の貴重な原本資料をお借りしたものである。調査の最初から終わりまで御指導していただきましたことを御礼申し上げます。

北谷町砂辺では旧字砂辺戸主会長の與儀正仁氏や照屋正治氏（北谷町議会議員）、また下勢頭・伊礼・

桑江・北谷他多くの郷友会関係者にお世話になりました。

北谷町栄口区の島袋艶子区長には、読谷と北谷の文化的な微妙な違いを教わりました。ところで、彼女は「艦砲ぬ喰《く》ぇー残さー」（比嘉恒敏作詞・作曲）を歌う姉妹民謡グループ「でいご娘」の長女である。本書第一章に掲載した楚辺の比嘉家系図にも出てくる四人姉妹の一人である。彼女の父が作詞した内容は、沖縄戦の米軍艦船からの砲弾で、故郷も人も吹き飛んだが、自分たちは生き延びてしまったという意味に私は解釈している。さらに、曲中には、基地の金網越しの話や、再び戦争がこないか不安であるという内容が歌いこまれている。おそらく朝鮮戦争からベトナム戦争にかけて沖縄の基地の町に住んでいた実感がこめられているのだろう。

筆者は、調査の移動の車中では、いつもこのＣＤをかけていた。二〇一三年六月二三日の慰霊の日に沖縄戦米軍の上陸地点であった楚辺海岸に「艦砲ぬ喰ぇー残さー」の歌碑が建立されている。でいご娘のみなさんには、お忙しい中、父上の話や戦後の沖縄の文化について教えていただきありがとうございました。

また、北谷町内の拝所を文化財保護の観点から記録している北谷町教育委員会の東門研治氏、松原哲志氏には資料提供や北谷町内の郷友会への取次ぎ等、多くの御協力をいただきましたこと、重ねて御礼申し上げます。

なお、二〇一六年からは自治会や郷友会調査が広範囲に及んだため中田耕平氏（読谷村村史編集室職員）、山内健太朗（首都大学東京大学院生）と共に共同調査の形をとったことを付記させていただく。

その他、多くのご協力をいただいた方々の御名前をすべて挙げられなかったが、ここに御礼申し上げます。

最後になりましたが吉川弘文館編集部の永田伸さんには、遅々として進まなかった私の調査と原稿のまとめに耐えて出版までこぎつけていただきましたこと、心から感謝いたします。

そして、私を人類学と沖縄研究に導いてくださった明治大学の故蒲生正男教授、ならびに故大胡欽一教授に感謝申し上げます。

二〇一八年十二月

山内健治

主要参考文献

アーノルドG・フィッシュ二世、宮里政玄訳『琉球列島の軍政 1945―1950』沖縄県史資料編14 財団法人沖縄県文化振興会編、沖縄県教育委員会発行、二〇〇二年
青柳清孝・松山利夫編『先住民と都市 人類学の新しい地平』青木書店、一九九九年
字楚辺誌編集委員会編『楚辺誌「戦争編」』楚辺公民館、一九九二年
字楚辺誌編集委員会編『楚辺誌「民俗編」』楚辺公民館、一九九九年
安里正美「読谷楚辺のアカヌクまつり」『読谷村立歴史民俗資料館紀要』第九号、読谷村教育委員会、一九八五年
新城平永編集代表『残波の里「宇座誌」』宇座区公民館、一九七四年
池宮秀正編著『国と沖縄県の財政関係』清文社、二〇一六年
石原昌家「我がふるさとは基地のなか 宇宜野湾郷友会のこと」『青い海 特集 郷友会社会の沖縄』一一八号、青い海出版社、一九八二年
同「擬制的共同体としての郷友会組織」『沖縄国際大学文学部紀要』八（一）、一九八〇年
同『郷友会社会―都市のなかのムラ―』ひるぎ社、一九八六年
同「南島現代社会論への誘い―現代沖縄の郷友会社会―」『沖縄国際大学公開講座7』沖縄国際大学公開講座委員会編、那覇出版社、一九九八年
上杉健志「軍事環境人類学の展望」『文化人類学』第八一巻第一号、日本文化人類学会編、二〇一六年

大胡欽一「祖霊観と親族慣行―琉球祖先崇拝の理解をめざして―」日本民族学会編『沖縄の民族学的研究―民俗社会と世界像―』財団法人日本民族学振興会、一九七三年
大城将保『沖縄戦の真実と歪曲』高文研、二〇〇七年
沖縄県知事公室基地対策課編『沖縄の米軍基地』沖縄県、二〇一三年
沖縄県文化振興会公文書館管理部史料編集室編『沖縄県史ビジュアル版1戦後①　銃剣とブルドーザー』沖縄県教育委員会、一九九八年
沖縄県読谷村編『読谷村村勢要覧』沖縄県読谷村、一九九六年
同『読谷村都市計画マスタープラン』沖縄県読谷村、一九九七年
同『読谷村第3次総合計画基本構想』沖縄県読谷村、一九九八年
沖縄県読谷村職員労働組合編『復帰後の読谷村民の闘い』沖縄県読谷村職員労働組合、一九八三年
沖縄県読谷村役場総務企画部企画財政課編『読谷村村勢要覧』沖縄県読谷村、二〇一五年
沖縄タイムス社編『沖縄から　米軍基地問題の深層』朝日新聞出版、一九九七年
沖縄国際大学公開講座委員会『沖縄国際大学公開講座15基地をめぐる法と政治』編集工房東洋企画・沖縄国際大学公開講座委員会、二〇〇六年
小田亮「共同体という概念の脱／再構築―序にかえて」『文化人類学』六九巻二号、日本文化人類学会、二〇〇四年
川平成雄『沖縄　空白の一年　1945―1946』吉川弘文館、二〇一一年
川端俊一『沖縄憲法の及ばぬ島で　記者たちは何をどう伝えたか』高文研、二〇一六年
北中城村教育委員会『ノロ：沖縄県北中城村「島袋のろ殿内資料」を通して』北中城村教育委員会、二〇一七年
旧字伊礼、蔵森、獅子舞復活推進委員会『蔵森・獅子舞復活記念誌』一九八五年

黒田由彦『ローカリティの社会学：ネットワーク・集団・組織と行政』ハーベスト社、二〇一三年
桑江後郷友会『念写』桑江後郷友会、二〇一五年
激動　読谷村民戦後の歩み編集委員会編『激動　読谷村民戦後の歩み』読谷村役場、一九九三年
渋谷　研「シマ」渡邊欣雄他編『沖縄民俗辞典』吉川弘文館、二〇〇八年
下嶋哲朗『チビチリガマの集団自決―神の国の果てに』凱風社、二〇〇〇年
下勢頭誌編集委員会『下勢頭誌』北谷町下勢頭郷友会、二〇〇五年
同　『下勢頭の言葉と生活・文化』下勢頭郷友会、二〇一七年
砂辺誌編集委員会『砂辺誌』旧字砂辺戸主会、二〇一六年
島袋　勉『戦いの記録　旧読谷飛行場用地所有権回復運動』島袋勉、二〇一八年
平良好利『戦後沖縄と米軍基地「受容」と「拒絶」のはざまで1945―1972年』法政大学出版局、二〇一二年
高橋明善編『基地の返還・移設、跡地利用と沖縄振興問題―その2　二〇〇一年度研究報告　平成一三年（二〇〇一年度）文部科学省　科学研究費補助金・基盤研究（A）（1）研究成果報告書』東京国際大学人間社会学部・社会学研究室、二〇〇二年
高橋勇悦「都市社会の構造と特質―那覇市の『自治会』組織を中心に」山本英治・高橋明善・蓮見音彦編『沖縄の都市と農村―復帰・開発と構造的特質』東京大学出版会、一九九五年
武井基晃「軍用地返還後の土地利用と暮らし―西原飛行場一帯の原状と現状」『沖縄民俗研究』第31号、沖縄民俗学会、二〇一三年
同　「沖縄の戦後復興から高度経済成長の民俗学的考察：軍に接収されたシマ、戦災後の墓の再建を事例に」『国立歴史民俗博物館研究報告［共同研究］高度経済成長と地域社会の変化』第二〇七号　国立歴史民俗博物館、二〇一八年

竹沢尚一郎『社会とは何か』中公新書、二〇一〇年
田中雅一編『軍隊の文化人類学』風響社、二〇一五年
田辺繁治『生き方の人類学：実践とは何か』講談社現代新書、二〇〇三年
同『ケアのコミュニティ―北タイエイズ自助グループが切り開くもの』岩波書店、二〇〇八年
田辺繁治「日常実践のエスノグラフィー―語り・コミュニティ・アイデンティティ」田辺繁治・松田素二編『日常的実践のエスノグラフィ：語り・コミュニティ・アイデンティティ』世界思想社、二〇〇二年
北谷町旧字伊礼郷友会『旧字伊礼郷友会誌』二〇〇四年
北谷町教育委員会編『北谷町文化財調査報告書第15集　北谷町の拝所』北谷町教育委員会、一九九五年
同『北谷町文化財調査報告書第17集　北谷町のノロ―北谷ノロ・平安山ノロ―』一九九七年
同『北谷城』北谷町教育委員会、二〇一五年
同『北谷町の地名―戦前の北谷の姿―』北谷町教育委員会、二〇〇六年
北谷町役場総務部町長室『基地と北谷町』北谷町役場、二〇〇八年
北谷町史編集委員会『北谷町史第六巻資料編5北谷の戦後』北谷町役場、一九八八年
同『北谷町史第三巻資料編2民俗　上』北谷町役場、一九九一年
同『北谷町史第三巻資料編2民俗　下』北谷町役場、一九九四年
同『北谷町史第一巻通史編』北谷町役場、二〇〇五年
同『北谷町史第一巻資料編2民俗　上』北谷町役場、二〇〇五年
戸谷　修「那覇における郷友会の機能」山本英治・高橋明善・蓮見音彦編『沖縄の都市と農村―復帰・開発と構造的特質』東京大学出版会、一九九五年

鳥山　淳　『沖縄／基地社会の起源と相克1945―1956』勁草書房、二〇一三年
中田耕平　「『文化』の継承と創出―沖縄県読谷村における『赤犬子』の事例研究より―」『政治学研究論集』第二〇号　明治大学大学院、二〇〇四年
同　「『基地の村』のムラづくり―沖縄県読谷村の事例研究より」『政治学研究論集』第二六号　明治大学大学院、二〇〇七年
同　「沖縄県読谷村における米軍基地接収及び返還による集落の移動と再生」『政治学研究論集』第四二号、明治大学大学院、二〇一五年
仲地　博　「住民自治組織の一考察―沖縄県読谷村の事例―」和田英夫先生古稀記念論文集編集委員会編『裁判と地方自治―和田英夫先生古稀記念論文集』敬文堂、一九八九年
仲松弥秀　『神と村』伝統と現代社、一九七五（一九六八）年
難波孝志　「軍用地跡地利用とアソシエーション型郷友会―郷友会組織の理念と現実―」『社会学評論』Vol.67、No.4、日本社会学会編、二〇一七年
日本民族学会編　『沖縄の民族学的研究―民俗社会と世界像―』財団法人日本民族学振興会、一九七二年
橋本敏雄編　『沖縄　読谷村「自治」への挑戦―平和と福祉の地域づくり』彩流社、二〇〇九年
畠山大・熊本博之編　『沖縄の脱軍事化と地域的主体性　復帰後世代の「沖縄」』西田書店、二〇〇六年
林　博史　『暴力と差別としての米軍基地　沖縄と植民地―基地形成史の共通性』かもがわ出版、二〇一四年
比嘉豊光　『わった～「島クトゥバで語る戦世」―684』編集村山友江・岡本由希子、ゆめあ～る発行、二〇〇七年
比嘉豊光、村山友江編　『アカノコ』字楚辺誌編集室、一九八九年
比嘉政夫　『沖縄民俗学の方法　民間の祭りと村落構造』新泉社、一九八二年

比嘉三樹夫「読谷村における軍用地接収による集落の移動」『読谷村立歴史民俗資料館紀要』第一一号　読谷村教育委員会、一九八七年
福岡優子「字公民館を拠点とした住民の共同性と確執」明治大学社会学研究室編『野帖―社会学関係ゼミナール報告―』第一六号、明治大学社会学研究室、二〇〇三年
E・ホブズボウム、T・レンジャー編『創られた伝統』前川啓治他訳、紀伊国屋書店、一九九二（一九八三）年
町田宗博「沖縄本島中部における軍用地接収集落の一考察」『琉球大学法文学部紀要　史学・地理学篇』二六、琉球大学法文学部、一九八三年
宮西香穂里『沖縄軍人妻の研究』京都大学学術出版会、二〇一二年
村武精一『神・共同体・豊穣―沖縄民俗論』未来社、一九七五年
明治大学島嶼文化研究所編『国際社会の中の沖縄・奄美―明治大学島嶼文化研究所設立記念シンポジュウム特別記念講演・基調報告論集』風土社、二〇一八年
森　宣雄『地の中の革命―沖縄戦後史における存在の解放』現代企画室、二〇一〇年
森田真也「占領という名の異文化接合―戦後沖縄における米軍の文化政策と琉米文化会館の活動」田中雅一編『軍隊の文化人類学』風響社、二〇一五年
安田慶造回想録編集委員会編『安田慶造回想録　カウボーイ村長奮闘記』安田慶造、二〇一五年
山内健治「戦世を越えるエスノグラフィー（楚辺編）―米軍用地接収による強制移転村の住民自治と文化変容―」明治大学『政経論叢』第七二巻第一号、明治大学政治経済研究所、二〇〇三年
同「―基地化・強制移転・シマ再生の中で―」明治大学『政経論叢』第七二巻第二・三号、明治大学政治経済学研究所、二〇〇四年

同　「沖縄戦」『沖縄民俗辞典』渡邊欣雄他編、吉川弘文館、二〇〇八年
同　「続〈艦砲ぬ喰ぇー残さー〉―沖縄戦後70年：基地接収と返還にゆれた沖縄県読谷村宇座の共同体」明治大学『政経論叢』第八四巻三・四号、明治大学政治経済研究所、二〇一六年
同　「コザ暴動プロジェクトin東京」『「時の眼―沖縄」批評誌N27』第七号、二〇一六年
山内徳信　『叫び訴え続ける基地沖縄　読谷24年―村民ぐるみの闘い』那覇出版社、一九九八年
同　『憲法を実践する村―沖縄・読谷村長奮闘記―』明石書店、二〇〇一年
同　『民衆の闘い「巨像」を倒す―沖縄・読谷飛行場返還物語 弱者が勝つ戦略・戦術』創史社、二〇一三年
同　『解放を求めて　アリの群れ　ライオンを襲う　山内徳信回顧録』沖縄タイムス社、二〇一四年
吉岡政徳　『ゲマインシャフト都市　南太平洋の都市人類学』風響社、二〇一六年
読谷村教育委員会文化振興課編　『宇座ガイドマップ』読谷村教育委員会文化振興課、二〇一四年
読谷村教育委員会歴史民俗資料館編　『読谷村民話資料集6　宇座の民話』読谷村教育委員会歴史民俗資料館、一九八四年
同　『読谷村民話資料集11　楚辺の民話』読谷村教育委員会歴史民俗資料館、一九九二年
読谷村史編集委員会編　『読谷村史第二巻資料編1戦前新聞集成　上・下』読谷村役場、一九八六年
同　『読谷村史第三巻資料編2文献にみる読谷山』読谷村役場、一九八八年
同　『読谷村史第四巻資料編3読谷の民俗　上・下』読谷村役場、一九九五年
同　『読谷村史第四巻資料編3読谷の民俗　補遺及び索引』読谷村役場、一九九八年
同　『読谷村史第五巻資料編4戦時記録　上巻』読谷村役場、二〇〇二年
同　『読谷村史第五巻資料編4戦時記録　下巻』読谷村役場、二〇〇四年

同　『読谷の先人たち』 読谷村役場、二〇〇五年
同　『読谷村史第五巻資料編4「戦時記録」関係資料集　第2集　読谷村の戦跡めぐり』 読谷村役場、二〇〇三年
読谷村総務部企画課編　『平和の炎Vol.1第1回読谷村平和創造展―平和郷はみんなの手で―』 読谷村、一九八八年
読谷村役所編　『読谷村史』 読谷村役所、一九六九年
読谷村役所総務課編　『村の歩み』 読谷村役所、一九五七年
読谷村役場編　『読谷村字別構想』 沖縄県読谷村、一九九五年
同　『読谷村第2次字別構想』 沖縄県読谷村、二〇〇三年
読谷村役場総務部企画課　『平和の炎Vol.8第8回読谷村創造て[沖縄戦直前米軍資料全翻訳]』 一九九五年
読谷村役場総務部企画・分権推進課編　『平和の炎Vol.10第11回読谷村平和創造展』 読谷村役場、一九九八年a
同　『平和の炎Vol.11第11回読谷村平和創造展』 読谷村役場、一九九八年b
同　『平和の炎Vol.13平和の郷はみんなの手で』 読谷村役場、二〇〇〇年
読谷村役場総務企画部企画財政課編　『読谷村統計書　平成25年度版』 読谷村役場総務企画部企画財政課、二〇一四年
読谷村総務企画部総務課・株式会社 沖縄計画機構編　『読谷村自治会振興基礎調査報告書』 読谷村役場、二〇一五年
読谷まつり実行委員会編　『読谷まつり20周年記念誌　読谷文化の継承―創造から発展・開花へ』 沖縄県読谷村、一九九五年
琉球弧を記録する会編　『島クトゥバで語る戦世―100人の記憶―』 琉球弧を記録する会、二〇〇三年
琉球新報社編　『ルポ　軍事基地と闘う住民たち　日本・海外の現場から』 日本放送出版協会、二〇〇三年
琉球政府編　『沖縄県史　第8巻（各論編 7 沖縄戦通史）』 琉球政府、一九七一年
レベッカ・フォーガシュ　「結婚の壁を乗り越える―沖縄における文化的市民権とアメリカ帝国の再生産―」 岩瀬裕子・

山内健太朗・訳『人文学報』№524―2（社会人類学分野一一）首都大学東京人文科学研究科、二〇一八年
渡邊欣雄『沖縄の社会組織と世界観』新泉社、一九八五年
同『民俗知識論の課題―沖縄の知識人類学―』凱風社、一九九〇年
同『世界のなかの沖縄文化』沖縄タイムス社、一九九三年
同「沖縄文化の創造」『アジア遊学』№53、勉誠出版、二〇〇三年
渡邊欣雄・岡野宣勝・佐藤壮広・塩月亮子・宮下克也編『沖縄民俗辞典』吉川弘文館、二〇〇八年

Inoue,Masamichi.S. 2007, *Okinawa and the U.S.Military :Identity Making in the Age of Globalization.* Columbia University Press. New York.

Rebecca Forgash 2009, "Negotiatig Marriage: Cultural Citizenship and The Reproduction of American Empire in Okinawa" *Ethnology: An International Journal of Cultural and Social Anthropology.*

著者略歴

一九五四年　東京都に生まれる
一九八三年　明治大学大学院政治経済研究科博士前期課程修了（政治学修士）
一九九〇年　同大学院博士後期課程単位取得退学
現在　明治大学政治経学部教授（専門　文化人類学）

主要編著書

共編著『東アジアの文化人類学』八千代出版、一九九一年
明治大学島嶼文化研究所編『国際社会の中の沖縄・奄美』風土社、二〇一八年
共著『社会人類学から見た日本』河出書房新社、一九九三年
共著『アジア世界：その構造と原義を求めて』上巻、八千代出版、一九九八年
「続〈艦砲ぬ喰ぇー残さー〉」明治大学『政経論叢』第八四巻三・四号、明治大学政治経済研究所、二〇一六年

基地と聖地の沖縄史
フェンスの内で祈る人びと

二〇一九年（平成三十一）三月一日　第一刷発行

著　者　山《やま》内《うち》健《けん》治《じ》
発行者　吉川道郎
発行所　株式会社　吉川弘文館
郵便番号一一三―〇〇三三
東京都文京区本郷七丁目二番八号
電話〇三―三八一三―九一五一〈代〉
振替口座〇〇一〇〇―五―二四四番
http://www.yoshikawa-k.co.jp/

印刷＝株式会社　東京印書館
製本＝誠製本株式会社
装幀＝右澤康之

ISBN978-4-642-08345-4

〈沖縄〉基地問題を知る事典

前田哲男・林　博史・我部政明編　　A5判・二一八頁／二四〇〇円

沖縄の基地はなぜ減らないのか。安全保障から土地収用、経済まで基地に関する四〇のテーマを設定。世界史的視点も交えわかりやすく解説する。基本データや読書ガイドを収載した、基地問題を知る教科書として必携の書。

米軍基地の歴史　世界ネットワークの形成と展開

（歴史文化ライブラリー）

林　博史著　　四六判・二一八頁／一七〇〇円

米軍基地ネットワークはいかに形成されたか。第二次世界大戦を経て核兵器の時代を迎える中、米国本土への直接攻撃を回避するため巨大な基地群が築かれる。普天間の形成過程も明らかにした、基地を考えるための一冊。

沖縄　空白の一年　1945―1946

川平成雄著　　A5判・三一〇頁／二八〇〇円

鉄と血の嵐が吹き荒れた沖縄戦。米軍は戦争終結後を見据えた戦略があった。必死に生きる住民の姿、焦土の中での経済復興の経過を詳細に描き、謎につつまれた〝空白の一年間〟を解明。「戦後」なき沖縄の原点に迫る。